学校のふしぎ

なぜ？どうして？

監修 沼田晶弘

高橋書店

はじめに

毎日《まいにち》みんなが通《かよ》っている学校《がっこう》。毎日《まいにち》すごしているだけに、いろいろなことを思《おも》ったり考《かんが》えたりしますよね。なかには「なんでだろう」「どうすればいいんだろう」というぎもんもあるでしょう。

そこでこの本《ほん》では、みんなと同《おな》じ小学生《しょうがくせい》にいろいろ聞《き》いて、学校《がっこう》のふしぎを集《あつ》めました。そして、たくさんある答《こた》えのなかから、ひとつの答《こた》えをしょうかいします。

この本《ほん》を読《よ》んで、ふだんからふしぎに思《おも》っていたりなやんだりしていたことが、少《すこ》しでも解決《かいけつ》して、すっきりした気持《きも》ちに

なってもらえるとうれしいです。
なかには、「こんなこと考《かんが》えたこともないし」「自分《じぶん》には関係《かんけい》ないもん」と思《おも》うふしぎもあるかもしれません。
でも、世《よ》の中《なか》にはいろんな人《ひと》がいます。そしていろんな子《こ》がいます。「こんなことになやんでいる子《こ》もいるんだな」と知《し》って、まわりの人《ひと》をより理解《りかい》できるようになると、もっと学校《がっこう》が楽《たの》しくなると思《おも》います。
読《よ》みおわったあとに、自分《じぶん》のクラスをもっとよくするにはどうすればいいか、そして自分《じぶん》はどんなふうに学校生活《がっこうせいかつ》をすごしたらいいか、ぜひ考《かんが》えてみてくださいね。

国立大学法人東京学芸大学附属
世田谷小学校教諭
沼田晶弘《ぬまたあきひろ》

もくじ

はじめに

学校《がっこう》のふしぎ

勉強《べんきょう》のふしぎ

友《とも》だちのふしぎ

先生《せんせい》のふしぎ

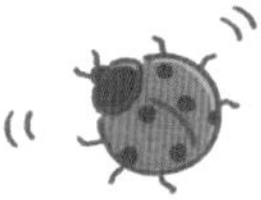

みらいのふしぎ

執筆協力：
株式会社童夢
デザインフォーマット：
辻中浩一
小池万由美（ウフ）
DTP：
エムアンドケイ
校正：
新山耕作
イラスト：
赤澤英子
フクイサチヨ
高田真弓
永井亜鶴美
なかさこかずひこ！
メイヴ

学校《がっこう》のふしぎ

学校のふしぎ

学校《がっこう》って何《なに》？

学校《がっこう》とは、人《ひと》が集《あつ》まって学《まな》ぶ場所《ばしょ》です。毎日《まいにち》、いろいろな人《ひと》とかかわることで、いろいろな楽《たの》しいことが起《お》こります。ひとりだとつまらないことも、みんなでやると、ぐっと楽《たの》しくなりますよね。

ただ、学校《がっこう》も楽《たの》しいことばかりでなく、人《ひと》と意見《いけん》が合《あ》わずにぶつかったり、けんかしたり、つらいことやいやなこともあるでしょう。

でも、それは自分《じぶん》が成長《せいちょう》できるチャンス

でもあります。ほかの子《こ》とのちがいを知《し》って、意見《いけん》をこうかんしてみると、自分《じぶん》の心《こころ》に新《あたら》しい変化《へんか》があらわれるのです。これは人《ひと》にぶつかって、はじめて学《まな》べることです。

つまり学校《がっこう》は、心《こころ》と心《こころ》のぶつかり合《あ》いで成長《せいちょう》できる場所《ばしょ》なのです。

なんで学校《がっこう》に行《い》かなきゃいけないの？

じつは学校《がっこう》には、行《い》かなくてもいいんです。ただし「子《こ》どもには勉強《べんきょう》させましょう」という、大人《おとな》が守《まも》るべきルールがあります。「義務《ぎむ》教育《きょういく》」という国《くに》のルールです。だから学校《がっこう》に行《い》かなくても、勉強《べんきょう》はしなければいけません。

学校《がっこう》では「大人《おとな》になるまでにこれだけは知《し》ってほしい」というきほんの勉強《べんきょう》を教《おし》えてもらえます。その道《みち》のプロがおすすめする内容《ないよう》を、教《きょう》科《か》に分《わ》けて少《すこ》しずつ楽《たの》しく学《まな》べるようになっています。公立《こうりつ》の学校《がっこう》ならこれが無料《むりょう》です。

えー!?
100さつ!?
こくご
りか
さんすう
しゃかい
でも…
16才《さい》までに
これぜんぶ
できるように
なってね。

もし、これをひとりで勉強《べんきょう》するとなると、けっこうたいへんかもしれません。

ひとりで勉強《べんきょう》するのは
こんなにむずかしい!

仲間《なかま》がいないと
集中《しゅうちゅう》できない
好《す》きな
勉強《べんきょう》だけしよう!
ズズズ…
こくご
さんすう
勉強《べんきょう》する順番《じゅんばん》が
わからない!

学校《がっこう》なら、先生《せんせい》や仲間《なかま》といっしょにできるので、楽《たの》しくつづけられます。

学校《がっこう》なら、苦手《にがて》なこともできるように教《おし》えてくれます。

学校《がっこう》なら、学《まな》びやすい順番《じゅんばん》を教《おし》えてくれます。

まってるよー!

だから、
学校《がっこう》は
オトク!

学校《がっこう》っていつできたの？

今《いま》から4000年《ねん》以上前《いじょうまえ》、イラクやエジプトのあたりに、学校《がっこう》のようなものがつくられていたといわれます。そこでは土地《とち》の大《おお》きさをはかったり、川《かわ》の水量《すいりょう》を記録《きろく》したりなど、生活《せいかつ》に必要《ひつよう》な知《ち》しきやぎじゅつを学《まな》んでいました。

やがて、文字《もじ》を、読《よ》み書《か》きできる人《ひと》がふえると、ほかの国《くに》でも学校《がっこう》がつくられるようになっていきました。

土地《とち》はかりたーい！
自然《しぜん》を記録《きろく》したーい！
ことしはこうずいだ
計算《けいさん》があるぞ！
文字《もじ》があるぞ！
スッ
スッ

2000年《ねん》以上《いじょう》前《まえ》

ひまつぶしのために学校《がっこう》ができた

古代《こだい》ギリシャという国《くに》で、決《き》まった人《ひと》だけが通《かよ》えるスコレーという場所《ばしょ》ができました。

「スコレー」とは「ひま」といういみで英語《えいご》で学校《がっこう》を意味《いみ》する「スクール」の名前《なまえ》のもとになりました。

どうして「ひま」なんだって？
それは　どれいが
はたらいてくれるからさ！

1000年《ねん》くらい前《まえ》

神《かみ》の教《おし》えを広《ひろ》めるために学校《がっこう》ができる

イスラーム教《きょう》の国《くに》では「マクタブ」という小学《しょうがっ》校《こう》のような学校《がっこう》がつくられ5才《さい》から12才《さい》に読《よ》み書《か》きを教《おし》えていました。
ヨーロッパでも、教会《きょうかい》や修道院《しゅうどういん》によって学校《がっこう》がつくられました。

でも、まだ、かぎられた人《ひと》しか学校《がっこう》に行《い》くことはできなかったんだよ

200年《ねん》くらい前《まえ》

今《いま》のような学校《がっこう》ができた

どんな人《ひと》でも
行《い》くことができるように
なったんだ！
小学校
中学校
高校

昔《むかし》の学校《がっこう》に行《い》ってみよう！

では、日本《にほん》の学校《がっこう》は、いったいどのようなれきしがあって、今《いま》にいたっているのでしょうか。のぞいてみましょう。

1300年以上前《ねんいじょうまえ》

奈良《なら》～平安時代《へいあんじだい》

全国《ぜんこく》に貴族《きぞく》のための学校《がっこう》をおくことが決《き》められました。

10才以上《さいいじょう》の男《おとこ》の子《こ》、
あつまれ～！

その後《ご》、たくさんの学校《がっこう》ができます。

580年以上前《ねんいじょうまえ》

平安《へいあん》？～室町時代《むろまちじだい》

「足利学校《あしかががっこう》」ができました。栃木県足利市《とちぎけんあしかがし》にあり、はじめて「学校《がっこう》」という名前《なまえ》がつけられました。中国《ちゅうごく》の孔子《こうし》という人《ひと》の教《おし》えや、仏教《ぶっきょう》を中心《ちゅうしん》に学《まな》びました。

學校
入学《にゅうがく》するとただで
おぼうさんになれたんだ
菜園《さいえん》で自分《じぶん》たちが食《た》べる
作物《さくもつ》も育《そだ》てていたよ

江戸時代《えどじだい》

武士《ぶし》ではない子《こ》はお寺《てら》の学校《がっこう》「寺子屋《てらこや》」などで、読《よ》み書《か》きや計算《けいさん》を中心《ちゅうしん》に勉強《べんきょう》しました。

武士《ぶし》の子《こ》は
別の学校《がっこう》があったよ

明治時代《めいじじだい》

1872年《ねん》から全国《ぜんこく》で小学校《しょうがっこう》教育《きょういく》がはじまりました。その後《ご》、すべての子《こ》どもが決《き》まった年数《ねんすう》の教育《きょういく》を受《う》けられるようになります。

小学校《しょうがっこう》は4年《ねん》まで
だったよ!

昭和時代《しょうわじだい》～

戦後《せんご》、国民学校《こくみんがっこう》から小学校《しょうがっこう》へよびかたが変《か》わりました。1947年《ねん》に小学校《しょうがっこう》は6年《ねん》まで、中学校《ちゅうがっこう》は3年《ねん》までとなりました。

今《いま》のような小学校《しょうがっこう》に!

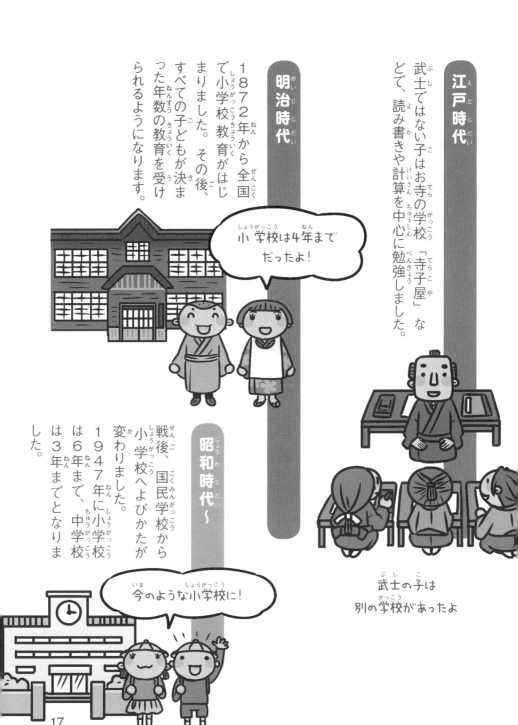

学校のふしぎ

なんでうわばきにはきかえるの？

むかしは、お寺《てら》や家《いえ》を学校《がっこう》にしていたので、たたみの上《うえ》で勉強《べんきょう》できました。

しばらくたつと外国《がいこく》のまねをして、ゆかを板《いた》にした学校《がっこう》ができました。これはくつのまま中《なか》に入《はい》れます。ですが、日本人《にほんじん》には「家《いえ》の中《なか》ではくつをぬぐ」という習《なら》わしがあったので、外《そと》ではいていたくつとは、べつのはきものにはきかえるようになりました。

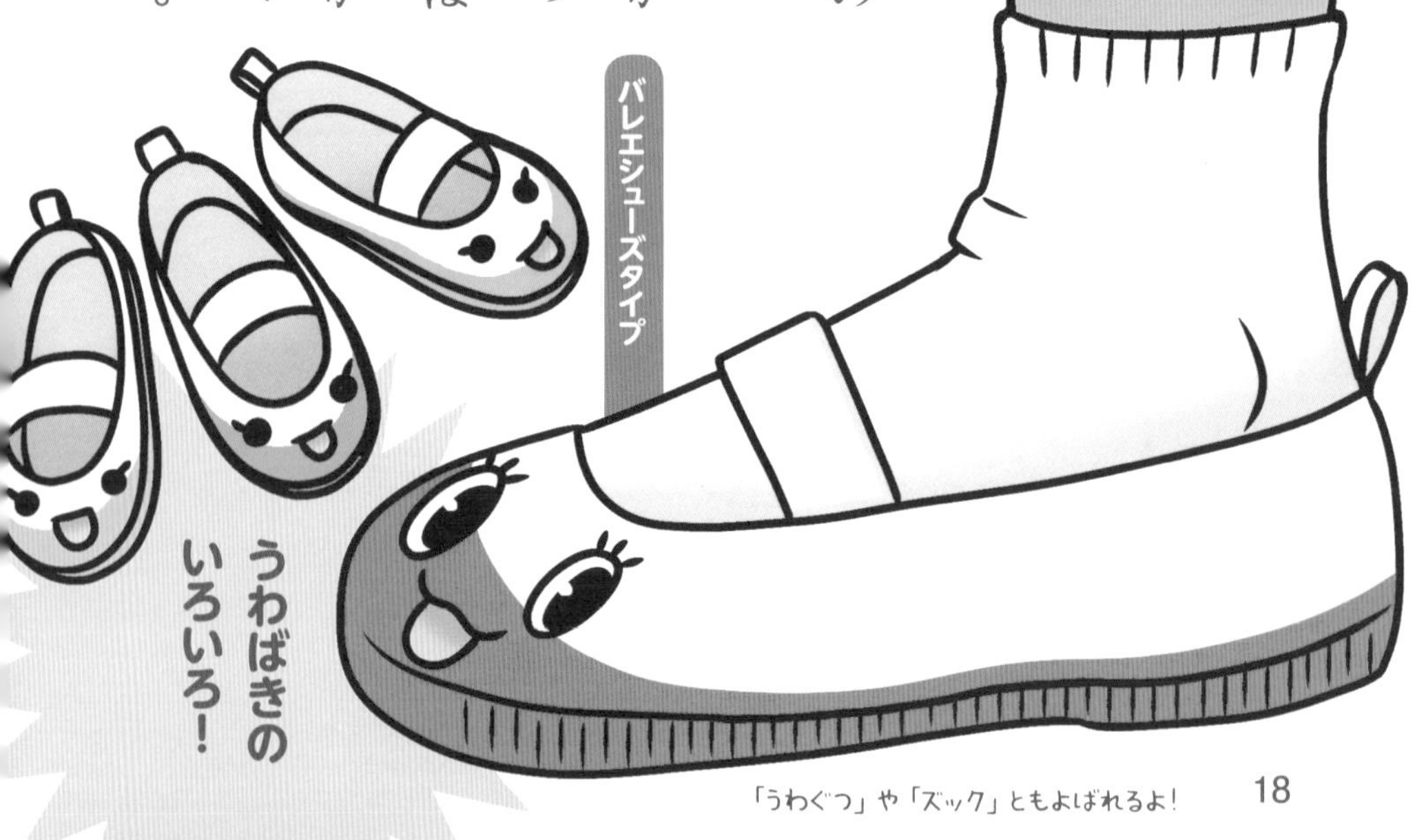

「うわぐつ」や「ズック」ともよばれるよ！

むかしは
「げた」と
「たび」を
はいていたよ

うわばきのれきし

むかしのうわばきはぞうりだった！

板《いた》のゆかを歩《ある》くと、くつしたのかわりにはいていた「たび」がよごれるので、なわで作《つく》った「ぞうり」をはく子《こ》が出《で》てきました。

あらま！

90年《ねん》ほど前《まえ》ゴムのうわばきができた！

ゴムのくつぞこはやわらかくて、すべりにくくて、かたいものをふんでもだいじょうぶ！だから子《こ》どもが学校《がっこう》ではくようになりました。

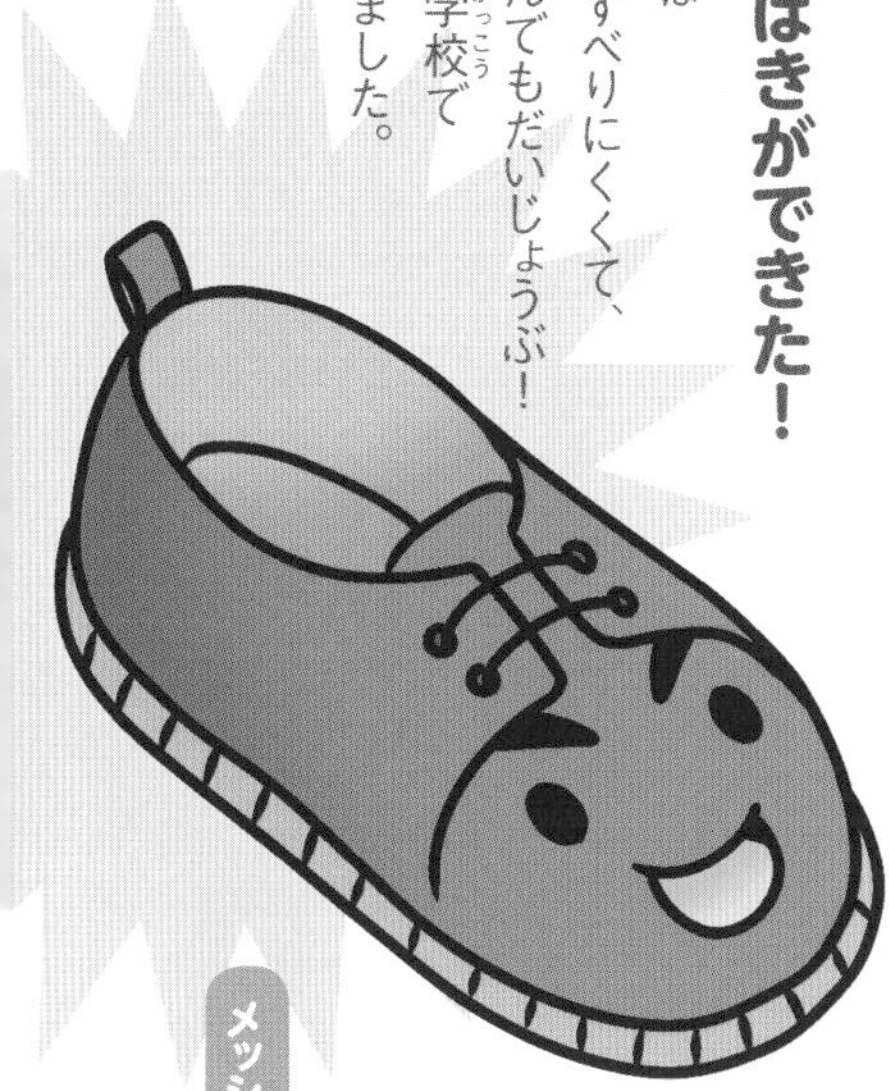

サンダルタイプ
メッシュタイプ
スニーカータイプ
マジックテープタイプ
三角《さんかく》ゴムタイプ

学校《がっこう》のぎもんに答《こた》えます！

毎日《まいにち》通《かよ》っている学校《がっこう》だけれど、知《し》らないことやなぞもたくさんありますよね。そこで、学校《がっこう》によくあるなぞのご本人《ほんにん》たちに答《こた》えてもらいましょう。

なぜ学校《がっこう》で動物《どうぶつ》を飼《か》っているの？

生《い》き物《もの》を大切《たいせつ》にする心《こころ》を育《そだ》ててほしいからよ。

やさしくしてね
なぜ体育館《たいいくかん》にはエアコンがないの？

寒《さむ》いところにはエアコンがある学《がっ》校《こう》もあるよ。でも広《ひろ》い体育館《たいいくかん》にエアコンをつけるには5500万円《まんえん》くらいお金《かね》がかかるんだよね。だからついてないのさ
どの学校《がっこう》にも鉄《てっ》ぼうはあるの？

だいたいあるぜ！体育《たいいく》の授業《じゅぎょう》で使《つか》うからな。全身《ぜんしん》の筋肉《きんにく》がきたえられるらしいよ！

すな場《ば》は走《はし》りはばとびに使《つか》うよ

プールのシャワーはなぜ冷《つめ》たいの?

プールは水《みず》をためてきれいにするだけで1回《かい》9万円《まんえん》くらいもお金《かね》をつかうの。お湯《ゆ》を作《つく》るにはもっとお金《かね》がかかるの
これは百葉箱《ひゃくようばこ》。気温《きおん》をはかるよ
屋上《おくじょう》には入《はい》れないの?

プールや遊《あそ》び場《ば》になっている屋上《おくじょう》もあるよ。

だけど入《はい》れるようにするには、人《ひと》が落《お》ちないように「さく」をつけるなどお金《かね》がかかる!

だからあんまりやらないのさ
おっす!オラ屋上《おくじょう》!

理科《りか》の授業《じゅぎょう》で使《つか》うぞ!

ヤシの木《き》みたいな木《き》はなに?

ぼくは「ソテツ」さあ~。

のんびり成長《せいちょう》するから大《おお》きくなりすぎず、育《そだ》てやすいみたいさあ~

この丸《まる》いものは何《なに》?

わしは「日時計《ひどけい》」じゃ。

わしをなくして時計《とけい》のれきしを語《かた》ることはできぬ。しらべてみるのじゃ

トラバーチンもよう
というよ！

てんじょうにたくさんあながあるのはなぜ？

このあなが音《おと》をすいこんでくれるおかげで、先生《せんせい》の声《こえ》がひびきすぎず、聞《き》こえやすくなるんだ
なんで昼《ひる》でも電気《でんき》がついているの？

部屋《へや》が天気《てんき》によって暗《くら》くなったり、明《あか》るくなったりすると、目《め》に悪《わる》いので、いつも同《おな》じ明《あか》るさになるようにしているよ！

うすいきみどり色《いろ》のカーテンも多《おお》いわね！

まっすぐだと角度《かくど》によっては日光《にっこう》が当《あ》たると見《み》えにくいんだ
どうして黒板《こくばん》は曲《ま》がっているの？

よく気《き》づいたね！ どこからでも見《み》やすいようになっているのだ！

カーテンはどうしてうすだいだい色《いろ》？

目《め》にやさしい色《いろ》だからじゃないかしら！

おちつく色《いろ》よね

相談室
いつでも来《き》てね
わたしは「相談室《そうだんしつ》」よ。なやみや心配《しんぱい》ごとを聞《き》いてくれる先生《せんせい》がいるの
校内《こうない》をたんけんしてね！
学校《がっこう》にはいろいろな部屋《へや》があるね。この教室《きょうしつ》は何《なに》？
わたしは「視聴覚室《しちょうかくしつ》」よ！大《おお》きな画面《がめん》で動画《どうが》を見《み》ながら勉強《べんきょう》ができるの。ない学校《がっこう》もあるわ
みんなのお父《とう》さん、お母《かあ》さんやたくさんの人《ひと》のお金《かね》をあつめて買《か》っているんだ
¥15,900
¥8,200
なんで学校《がっこう》のものは古《ふる》いの？
学校《がっこう》で使《つか》えるお金《かね》はたくさんあるわけじゃないの。学校《がっこう》の道具《どうぐ》は数《かず》も多《おお》くいるし、安全《あんぜん》につくられているからねだんが高《たか》いの…。なかなか買《か》いかえられないから、古《ふる》いものも大切《たいせつ》に使《つか》うのよ
校長室《こうちょうしつ》はなぜごうかなの？
オッホン、校長室《こうちょうしつ》にはお客《きゃく》さんをまねくこともあるから大《おお》きなソファがあるんだ。だからごうかに見《み》えるのかな？
トロフィーや資料《しりょう》をしまっているよ

給食《きゅうしょく》は、なぜあるの？

日本《にほん》がまだゆたかでなかったころ、まずしくて家《いえ》でじゅうぶんにごはんを食《た》べられない子《こ》どもたちのために、給食《きゅうしょく》がはじまりました。今《いま》でもみんなの成長《せいちょう》を助《たす》けるために、給食《きゅうしょく》はあります。

好《す》きなものだけ食《た》べて栄養《えいよう》がかたよらないように、給食《きゅうしょく》にはさまざまな工夫《くふう》がしてあります。

あら、
そんなこと言《い》わないで？
わたしが給食《きゅうしょく》の
ひみつを教《おし》えるわ！
魚《さかな》もピーマンも
残《のこ》しちゃおう
牛乳《ぎゅうにゅう》
きらーい！
こんだて作《つく》って
30年《ねん》の栄養士《えいようし》
九色《きゅうしょく》 食代《たべよ》（60）

ここがすごいぞ！
給食

小学生《しょうがくせい》のために作《つく》られたスペシャルメニュー

栄養士《えいようし》という人《ひと》が、小学生《しょうがくせい》が成長《せいちょう》するのに必要《ひつよう》な栄養《えいよう》をバランスよくとれるように計算《けいさん》して、作《つく》っています。

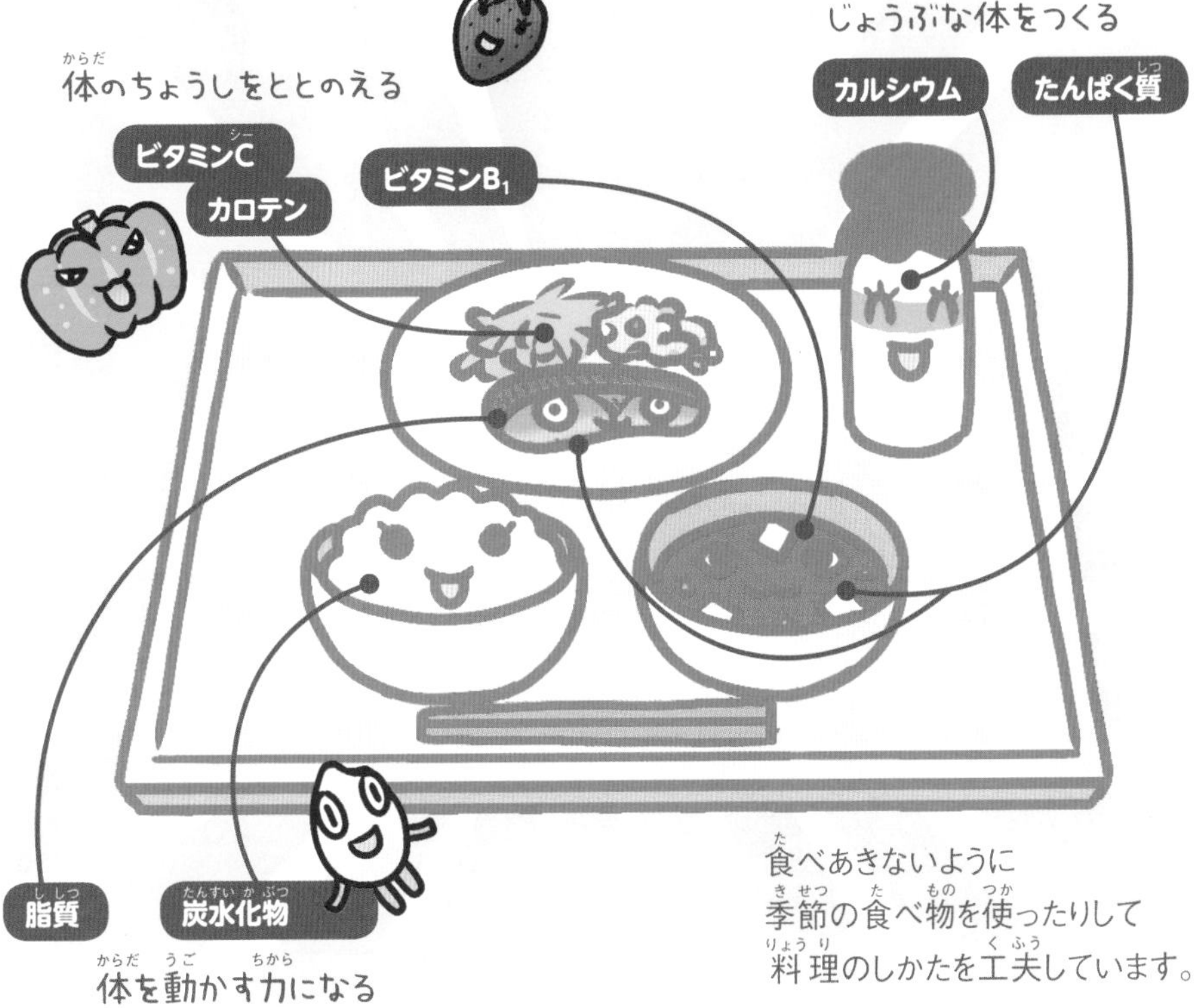
体《からだ》のちょうしをととのえる
ビタミンC《シー》
カロテン
ビタミンB_1
じょうぶな体《からだ》をつくる
カルシウム
たんぱく質《しつ》
脂質《ししつ》
炭水化物《たんすいかぶつ》
体《からだ》を動《うご》かす力《ちから》になる

食《た》べあきないように季節《きせつ》の食《た》べ物《もの》を使《つか》ったりして料理《りょうり》のしかたを工夫《くふう》しています。

ごはんにするとひとりあたり
47はい

給食《きゅうしょく》は毎日《まいにち》決《き》められたぶんだけ作《つく》られますが、食《た》べ残《のこ》しも多《おお》く出《で》ています。全国《ぜんこく》ですてられる給食《きゅうしょく》は1年間《ねんかん》で7万《まん》トン！ できるだけ残《のこ》さず食《た》べるようにしたいですね。

給食《きゅうしょく》のれきし

いつもあたりまえのように
食《た》べている給食《きゅうしょく》ですが、
いろいろなれきしがあり、
今《いま》のような形《かたち》になりました。

1889年《ねん》 給食《きゅうしょく》がはじまる！

山形県《やまがたけん》の学校《がっこう》でまずしい子《こ》どもたちのために給食《きゅうしょく》がはじまります。

戦争《せんそう》で給食《きゅうしょく》は中止《ちゅうし》。

1949年《ねん》 給食《きゅうしょく》ふっかつ！

パンもごはんもなく、ユニセフからもらった粉《こな》ミルクをお湯《ゆ》でとかして飲《の》みました。

1952年《ねん》 パンがついた！

小麦粉《こむぎこ》が安《やす》く手《て》に入《はい》り、パンの給食《きゅうしょく》が出《で》るようになります。

学校《がっこう》で給食《きゅうしょく》を出《だ》すのを国《くに》の決《き》まりにする。

このとき「給食《きゅうしょく》ではミルクを出《だ》す」ということも決《き》められたのです。

ユニセフは
戦争《せんそう》のせいで
まずしくなったこどもを
すくうために
つくられた団体《だんたい》よ

1960年代《ねんだい》

粉《こな》ミルクが牛乳《ぎゅうにゅう》になる！

1976年《ねん》

ごはん登場《とうじょう》

それまで給食《きゅうしょく》は、安《やす》く作《つく》れるパンやめんが中心《ちゅうしん》でしたが、このころから、ごはんが使《つか》われるようになりました。

そして今《いま》の給食《きゅうしょく》は……

日本全国《にほんぜんこく》でその地《ち》いきじまんのさまざまなメニューが出《だ》されています。

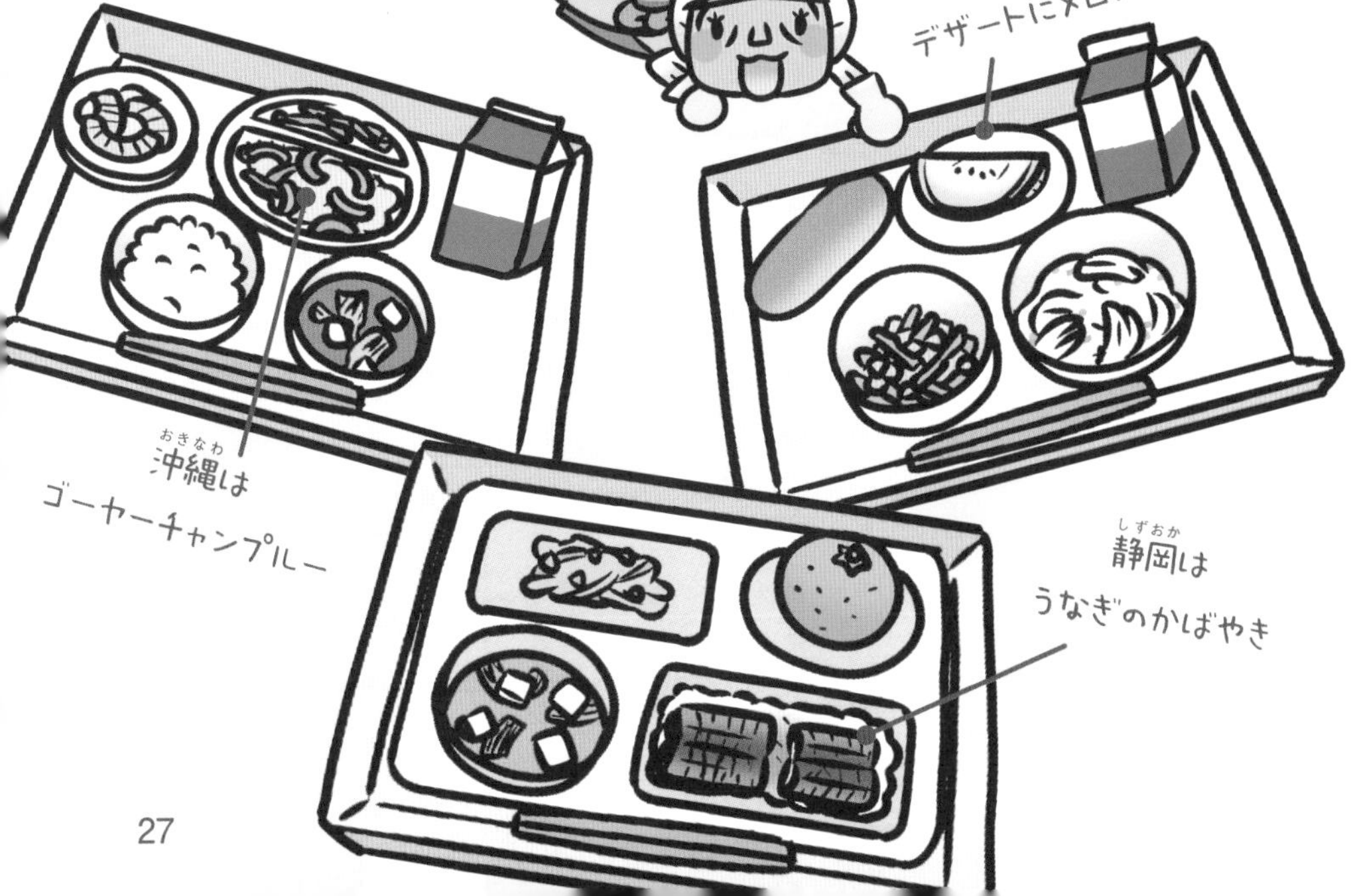
北海道《ほっかいどう》は
デザートにメロン
沖縄《おきなわ》は
ゴーヤーチャンプルー
静岡《しずおか》は
うなぎのかばやき

どうして席《せき》がえをするの？

教室《きょうしつ》にはいろいろな性格《せいかく》や考《かんが》えかたを持《も》っている人《ひと》がいます。

席《せき》がえは、そんなクラスのみんなと話《はな》せるチャンスなのです。

遠《とお》くの席《せき》にすわっている人《ひと》とは話《はな》すきっかけがなかなかできにくいですよね。話《はな》すチャンスがなければ仲《なか》よくなるのもむずかしいものです。

だから、席《せき》がえをしていろいろな子《こ》と話《はな》せるようにしているのです。

あれ、思《おも》ったより
こわくないんだあ
よろしくね！
あんり

**これまで
話《はな》したことのない子《こ》と
話《はな》すきっかけができる！**

また席《せき》が変《か》わると、気分《きぶん》も変《か》わり、より勉強《べんきょう》に集中《しゅうちゅう》できます。これも席《せき》がえをするりゆうのひとつです。

景色《けしき》が変《か》わって気分《きぶん》も変《か》わる！
まどぎわって気持《きも》ちいい～
話《はな》せる子《こ》がふえるとクラスがまとまる！
運動会《うんどうかい》もうすぐだね！
新《あたら》しい考《かんが》えをもらえるかも！
このかみどめあんりちゃんと手作《てづく》りしたのよ
楽《たの》しそう…
う…うん！
ぜったい勝《か》とうね！

なんでいろんな係《かかり》があるの？

クラスで決《き》められる係《かかり》はたくさんありますよね。なんだかめんどうくさいなと思《おも》ってしまうかもしれませんが、じつは係《かかり》とは、大人《おとな》がしている「仕事《しごと》」と同《おな》じなのです。

大人《おとな》はひとつの会社《かいしゃ》でも、係《かかり》ごとにちがう仕事《しごと》をしています。ひとりでいろいろな仕事《しごと》をするよりも、それぞれが専門《せんもん》の仕事《しごと》をしたほうが、会社全体《かいしゃぜんたい》がうまくまとまるからです。仕事《しごと》が多《おお》くても、役《やく》わりを決《き》めて力《ちから》を合《あ》わせれ

ば、早《はや》くおわらせることができます。みんなの係《かかり》も仕事《しごと》と同《おな》じで、クラスをまとめたり前《まえ》に進《すす》めたりするために分《わ》けてあります。自分《じぶん》の係《かかり》は自分《じぶん》しかできない専門《せんもん》の仕事《しごと》だと思《おも》って、取《と》り組《く》みましょう。

クラスのだれかが仕事《しごと》をしないと、ほかのメンバーがたいへんになってしまいます。それぞれ責任《せきにん》を持《も》って係《かかり》の仕事《しごと》をがんばりましょう!

ちょっとできないから
あとはまかせるわ~
つかれる~
しんぶん
たいいく

やってみよう

新《あたら》しい係《かかり》をつくってみよう!

クラスの中《なか》で、何《なに》かこまっていることや、こんな係《かかり》があったら楽《たの》しそうだと思《おも》うことはありませんか? クラスに役立《やくだ》ちそうな係《かかり》を思《おも》いついたら、積極的《せっきょくてき》にていあんしてみましょう。

まかせて!
かなしいことがあったから笑《わら》いたい…

お笑《わら》い係《がかり》

教《おし》えます!

テストたいさく係《がかり》

運動会《うんどうかい》はなぜあるの？

運動会《うんどうかい》は学校行事《がっこうぎょうじ》のひとつ。学校《がっこう》行事《ぎょうじ》はこれまで学《まな》んできたことを生《い》かす場《ば》です。行事《ぎょうじ》のじゅんびでは、いつもの授業《じゅぎょう》とちがって、みんなで話《はな》し合《あ》ったりがんばったりします。本番《ほんばん》のために、本気《ほんき》で練習《れんしゅう》するほど、できることもふえます。このとき、勉強《べんきょう》だけでは味《あじ》わえない体験《たいけん》で、心《こころ》も体《からだ》もパワーアップできます。このために運動会《うんどうかい》はあるのです。

みんなにめいわく
かけたくない

運動会《うんどうかい》を本気《ほんき》でがんばってみよう！

本番《ほんばん》も
がんばろう！
作戦《さくせん》！
うでを力《ちから》いっぱい
ふってみて！

運動《うんどう》が苦手《にがて》な人《ひと》を得意《とくい》な人《ひと》がカバーする方法《ほうほう》を考《かんが》えてためしてみましょう。

運動《うんどう》が得意《とくい》な人《ひと》にコツを聞《き》いたりしてみましょう。

はやく、走《はし》るには
どうしたらいいの？
特訓《とっくん》！
わたしが最後《さいご》を走《はし》るから、
安心《あんしん》して、思《おも》いっきり走《はし》ってね！

運動会《うんどうかい》があるから運動《うんどう》をがんばれる！

学校の
ふしぎ

これって、なんで学校《がっこう》に持《も》ってきちゃダメなの？

マンガにゲームにおかし。学校《がっこう》には持《も》ってきちゃダメだと言《い》われているものがたくさんありますよね。

「勉強《べんきょう》とは関係《かんけい》ないからダメ」などりゆうはいろいろありますが、学校《がっこう》は、なるべくトラブルが起《お》こらないよう「みんなの心《こころ》がざわつきそうなものは持《も》ってこない」よう気《き》をくばっています。

このためにできたルールのひとつです。

「シャーペン禁止《きんし》」のルールができるまで

もともとシャーペンは高級品《こうきゅうひん》だったので、だれかが持《も》ってくると、みんなの心《こころ》がざわざわして、授業《じゅぎょう》に集中《しゅうちゅう》できなくなりました。

なぜルールは守《まも》らなくてはいけないのでしょうか？

だれかが「これくらい、いいか」とルールを守《まも》らずにいると、「ずるい！」と思《おも》う子《こ》や「じゃあこれもいいよね？」とルールをやぶる子《こ》があらわれます。これではルールの意味《いみ》がなくなってしまいます。

だから、守《まも》らなくてはいけないのです。

シャーペンだとうすくて読《よ》めない…
授業中《じゅぎょうちゅう》にカチカチさせて遊《あそ》びそう…
ペンがかたくてにぎるとつかれやすい…
さんすうテスト
おなまえ うすいじのこ
1+2= 3
3+2= 5
= 8
とりあいが起《お》きそう…

このように先生《せんせい》たちの不安《ふあん》も多《おお》かったので、シャーペンは禁《きん》止《し》されました。

そもそも、なぜルールは
あるのでしょうか。
ルールがない学校《がっこう》を、少《すこ》
しのぞいてみましょう……。

キャ
ダッ
あぶない!
どんっ
どいて
どいて~!
のれないよ~

なんだかいろんなことがうまくいっていませんね。

このため、
こんなルールが
できたのです。

勉強《べんきょう》に必要《ひつよう》のないものは持《も》ってこない
ろうかを走《はし》っちゃダメ!
元気《げんき》な子《こ》はエレベーターを使《つか》っちゃダメ!
みんな歩いて学校に来ること!
げんかんでうわばきにはきかえること

人《ひと》がつくったルールは、人《ひと》が変《か》えられる！

ルールは、それぞれりゆうがあってつくられていますが昔《むかし》からあるルールの中《なか》には、そのりゆうがだれもわからなくなっていることがあります。その場合《ばあい》、みんなのちからで変《か》えることができるのです。

このように、ルールを変《か》えるために行動《こうどう》する人《ひと》、それに「いいぞ！」と賛成《さんせい》する人《ひと》がいてはじめてルールが変《か》わります。じつはこれは学校《がっこう》だけでなく、政治《せいじ》の世界《せかい》でも行《おこな》われていることなのです。「なぜこのルールはあるのだろう？」と思《おも》ったら、みんなもぜひ話《はな》し合《あ》ってみてください。

なんで夏休《なつやす》みは長《なが》くて冬休《ふゆやす》みは短《みじか》いの？

昔《むかし》はクーラーがなかったので、夏《なつ》は暑《あつ》すぎて授業《じゅぎょう》に集中《しゅうちゅう》できなかったからだといわれています。熱中症《ねっちゅうしょう》になるきけんもありました。

夏休《なつやす》みを長《なが》くとる「バカンス」という外国《がいこく》の文化《ぶんか》にならい、日本《にほん》でも夏休《なつやす》みが長《なが》い学校《がっこう》が多《おお》いようです。

ただし北海道《ほっかいどう》や東北《とうほく》は、夏《なつ》がすずしいので夏休《なつやす》みは短《みじか》くなり、冬《ふゆ》は雪《ゆき》で登校《とうこう》がたいへんなので、冬休《ふゆやす》みが

秋休《あきやす》み　3～14日前後《にちぜんご》

秋《あき》は子《こ》どももイネかりを手《て》つだうためにお休《やす》みにしていたことがはじまりです。秋休《あきやす》みがない学校《がっこう》も多《おお》いです。

夏休《なつやす》み　25～40日前後《にちぜんご》

外国《がいこく》の学校《がっこう》は2～3か月《げつ》の夏休《なつやす》みがあることも。学年《がくねん》のはじまりが9月《がつ》ということにも関係《かんけい》しています。

少《すこ》し長《なが》くなっています。夏休《なつやす》みが短《みじか》いかわりに秋休《あきやす》みがある学校《がっこう》もあります。たとえば、長野《ながの》県《けん》は1年《ねん》を2つの学期《がっき》に分《わ》ける学校《がっこう》があり、学期《がっき》の変《か》わり目《め》には秋休《あきやす》みがあります。

休《やす》みの長《なが》さはどうやって決《き》めるの?

夏休《なつやす》みや冬休《ふゆやす》みの長《なが》さは、1年間《ねんかん》のお休《やす》みの日数《にっすう》や行事《ぎょうじ》を考《かんが》えてそれぞれで決《き》めます。地《ち》いきによって、休《やす》みの日数《にっすう》がちがうこともあるんです。

冬休《ふゆやす》み　10〜30日前後《にちぜんご》

雪《ゆき》の多《おお》い地《ち》いきは冬休《ふゆやす》みが長《なが》く、1か月近《げつちか》く休《やす》む学校《がっこう》もあります。そのぶん夏休《なつやす》みが短《みじか》くなっています。

春休《はるやす》み　14日前後《にちぜんご》

新《あたら》しい学期《がっき》のじゅんびなどをしてすごします。親《おや》の仕事《しごと》のために引《ひ》っこしをする家《いえ》も多《おお》いです。

学校《がっこう》のこわい話《はなし》って本当《ほんとう》にあったこと？

すべて本当《ほんとう》かどうかはわかりません。うわさや言《い》いつたえが多《おお》く、たしかめる方法《ほうほう》がないからです。

でも「学校《がっこう》がある場所《ばしょ》に、昔《むかし》お墓《はか》があった」といううわさは、もしかしたら本当《ほんとう》かもしれません。

昔《むかし》は、お寺《てら》とそのお墓《はか》があった場所《ばしょ》に、学校《がっこう》がたてられることがよくありました。土地《とち》が安《やす》くて広《ひろ》いので、学《がっ》校《こう》がたてやすかったのです。

また、古代《こだい》のお墓《はか》「古墳《こふん》」や、お城《しろ》のあと地《ち》に学校《がっこう》がたてられることもあったようです。お城《しろ》やお墓《はか》は高台《たかだい》に

あることも多《おお》いので、高台《たかだい》の学校《がっこう》は、それらのあと地《ち》にたてられているかもしれません。

学校《がっこう》のしき地内《ちない》に、石《いし》がきや石碑《せきひ》がある場合《ばあい》や、学校《がっこう》名《めい》に「寺《てら》」の字《じ》が入《はい》っているところは、お墓《はか》やお寺《てら》のあと地《ち》にたてられている可能性《かのうせい》もあります。

「あなたの学校《がっこう》は、どうかな……？」


もともとお墓《はか》だった土地《とち》であっても、学校《がっこう》をたてる前《まえ》にはだいたい土地《とち》へのおいのりやおはらいをしています。またさまざまな調査《ちょうさ》をして安全《あんぜん》をかくにんしているので、安心《あんしん》して学校《がっこう》に通《かよ》ってくださいね。

おばけは
出《で》ないよ！
たぶん…

なんでそうじの時間《じかん》があるの？

日本《にほん》の小学校《しょうがっこう》ではあたりまえにあるそうじの時間《じかん》ですが、外国《がいこく》では子《こ》どもはそうじをせず、そうじを仕事《しごと》にしている人《ひと》にまかせる国《くに》も多《おお》くあります。

ではどうして日本《にほん》では子《こ》どもにそうじをまかせているのでしょうか。

そのひみつは、昔《むかし》からつづいている日《に》本《ほん》の文化《ぶんか》にあります。日本《にほん》ではそうじをすることで場所《ばしょ》だけでなく心《こころ》もきれいにするという考《かんが》えがあるのです。

さあはじまりました！
本日《ほんじつ》のそうじタイム！
早くおわらせよ～
てきとうでいいよね…
そうじをするわけを
教《おし》えちゃうわ～

けがれをとりのぞくのです…

学校《がっこう》でのそうじの習《なら》わしは仏《ぶっ》教《きょう》から来《き》ているといわれます。そうじはおぼうさんの修行《しゅぎょう》のひとつ。そうじでさとりをひらいたおぼうさんもいるくらいです。

自分《じぶん》たちの道場《どうじょう》をきれいに!

精神力

柔道《じゅうどう》や剣道《けんどう》など「武道《ぶどう》」とよばれる日本《にほん》のスポーツでは、けいこをはじめる前《まえ》にそうじをするんですよ！　自分《じぶん》の心《こころ》と神聖《しんせい》な場所《ばしょ》を清《きよ》めるためのようです。

本気《ほんき》でそうじをしたらいい運動《うんどう》になるし、きれいになったら、すっきりしますもんね

グイ
だから、自分《じぶん》たちの手《て》で
自分《じぶん》たちの学校《がっこう》を
きれいにするんですね！

じつはめずらしかった！日本《にほん》のあたりまえ

日本《にほん》の小学校《しょうがっこう》ではあたりまえでも、外国《がいこく》の小学校《しょうがっこう》ではめずらしい……。そういうことはそうじのほかにもこんなにあります。

始業式《しぎょうしき》・終業式《しゅうぎょうしき》をする

外国《がいこく》ではこういった区切《くぎ》りの式《しき》を行《おこな》うことは、めずらしいのです。

ジョニーの！
トツゲキ！
となりノ
小学校《しょうがっこう》～！

校歌《こうか》がある

校歌《こうか》のある学校《がっこう》は、中国《ちゅうごく》や韓国《かんこく》などのアジアの国以外《くにいがい》ではめずらしいです。
ちなみに沖縄《おきなわ》には、校歌《こうか》をうたいながらはたを持《も》っておどる学校《がっこう》もあります。

教科書《きょうかしょ》がタダ

さんすう
こくご
アメリカでは教科書《きょうかしょ》を使《つか》わずにプリントを使《つか》うことが多《おお》いヨ！

日本《にほん》では小学校《しょうがっこう》から中《ちゅう》学校《がっこう》までの教科書《きょうかしょ》はタダでもらえますが、海《かい》外《がい》では学校《がっこう》が教科書《きょうかしょ》をかすことが多《おお》いです。学《がく》年《ねん》が終《お》わったら学校《がっこう》に返《かえ》すので、落書《らくが》きしちゃダメ！

ヒュ〜！
イカスネ〜！

ランドセルを使《つか》う

外国《がいこく》の小学生《しょうがくせい》はリュックを使《つか》うところが多《おお》いです。

日本野小学校

登下校《とうげこう》が子《こ》どもだけ！

外国《がいこく》では親《おや》が送《おく》りむかえをしたり、スクールバスを使《つか》ったりします。

WOW！
めずらしいネ！ 日本《にほん》は安全《あんぜん》ダネ〜

外国《がいこく》の小学校《しょうがっこう》ってどうちがうの？

世界中《せかいじゅう》の小学生《しょうがくせい》は同《おな》じような勉強《べんきょう》をしていますが、学校生活《がっこうせいかつ》はさまざまです。文化《ぶんか》や生《せい》活《かつ》リズムのちがいがあるため、それにそって学校生活《がっこうせいかつ》も変《か》わります。授業《じゅぎょう》の受《う》けかたや食事《しょくじ》など、日本《にほん》とのちがいをさがしてみましょう。

ペルー
朝早《あさはや》くから授業《じゅぎょう》がはじまるため、10時《じ》ごろにロンチェという軽食《けいしょく》を学校《がっこう》で食《た》べます。
ベトナム
バスや電車《でんしゃ》があまり走《はし》っていないため、お父《とう》さんやお母《かあ》さんのバイクの後《うし》ろに乗《の》って登校《とうこう》します。

やった！
明日《あした》は休《やす》みだ！
○月○日（水）

イラン

日本《にほん》では、土曜日《どようび》と日曜日《にちようび》にお休《やす》みがありますが、イランでは木曜日《もくようび》と金曜日《きんようび》がお休《やす》みです。

イランのようなイスラーム教《きょう》の国《くに》では、宗教《しゅうきょう》の決《き》まりで男女《だんじょ》べつべつに授業《じゅぎょう》を受《う》けます。

キャッ！男子《だんし》がいるなんて！

中国《ちゅうごく》

昼食《ちゅうしょく》を食《た》べたあと、おひるねの時間《じかん》をとり、午後《ごご》の授業《じゅぎょう》にそなえます。

ブルガリア

給食《きゅうしょく》がない学校《がっこう》も多《おお》く、かわりに、決《き》まった時間《じかん》におやつが出《で》ることもあります。

ぐ～
わかると楽《たの》しいね！
もぐもぐ
3×□=21
3×7=□

でも、みんなで楽《たの》しく勉強《べんきょう》をしている様子《ようす》はどこの国《くに》もそんなに変《か》わらないかもしれませんね。

世界《せかい》の学校《がっこう》には、日本《にほん》とちがうところがたくさんあります。

今日《きょう》はジョニーが見《み》つけたスクープをしょうかいするネ!

世界の小学校新聞

フランス

とび級《きゅう》がある?!

フランスでは、義務教育《ぎむきょういく》は3才《さい》から16才《さい》まであります。成績《せいせき》のよい子《こ》は「とび級《きゅう》」として、学年《がくねん》をとばして上《うえ》の学年《がくねん》で学《まな》ぶことができます。

進級《しんきゅう》のちがいはこんなにも

3年生《ねんせい》はとばしました
4年生
3年生
2年生

フィンランド

りゅう年《ねん》はあたりまえ?!

きそができていない子《こ》は、同《おな》じ学年《がくねん》でもう一度《いちど》、1年学《ねんまな》べます。これは「わかるまで学《まな》べる」というしくみで、まったくはずかしいことではありません。

アルベルトくんのお話《はなし》

アルベルトくん(7)

ぼくは2年生《ねんせい》の勉強《べん》がよくわからなかったからもう一度《いちど》勉強《べんきょう》するんだ。わからないまま進《すす》むより、安心《あんしん》だよ。

宗教《しゅうきょう》の授業《じゅぎょう》がある!?

じつは世界《せかい》の多《おお》くの国《くに》で宗教《しゅうきょう》の授《じゅ》業《ぎょう》があります。学校《がっこう》に教会《きょうかい》があり、授業《じゅぎょう》の前《まえ》におというのりをする学校《がっこう》もあります。ただしアメリカやオーストラリアなどいろんな民族《みんぞく》がいる国《くに》では宗教《しゅうきょう》の授業《じゅぎょう》はありません。

宗教《しゅうきょう》のちがい、さまざま

宗教《しゅうきょう》が国《くに》の歴史《れきし》をあらわすんだ

ブルネイ

全校生徒《ぜんこうせいと》で朝《あさ》のおいのり!

ブルネイでは、木曜《もくよう》の朝《ちょう》礼《れい》で、イスラーム教《きょう》の教《おし》えがのっている「コーラン」という本《ほん》をみんなで読《よ》みます。子《こ》どもの学校《がっこう》は午《ご》前《ぜん》までで、午後《ごご》からは宗《しゅう》教学校《きょうがっこう》が開《ひら》かれます。

トルコ

学年《がくねん》が8つ!?

トルコは小学校《しょうがっこう》が8学《がく》年《ねん》まであります。いっぽうロシアは小学校《しょうがっこう》が4学年《がくねん》までしかなく、国《くに》によってさまざまです。

とまどう学年《がくねん》のちがい

オランダは4才《さい》から学校《がっこう》があるよ

学校《がっこう》へ行《い》くのが楽《たの》しくなるにはどうすればいい？

もしかしたら「学校《がっこう》が楽《たの》しくない」と感《かん》じている人《ひと》もいるかもしれません。でもそれは、楽《たの》しいことをしていないだけなんです。

そんなときは、自《じ》分《ぶん》で何《なに》か楽《たの》しくなることを考《かん》え出《だ》してみましょう。何《なに》かお題《だい》を決《き》めて学校《がっこう》でやってみるのもいいし、友《とも》だちと新《あたら》しい遊《あそ》びをはじめるのもいいでしょう。「自《じ》分《ぶん》で楽《たの》しくする」という前《まえ》向《む》きな気《き》持《も》ちに自《じ》分《ぶん》が変《か》われば、きっと毎日《まいにち》は変《か》わります。

これに決《き》めた!

だれかを笑《わら》わせるプロジェクト

きゅうしょくレビュー

その日《ひ》の給食《きゅうしょく》を5段階《だんかい》評価《ひょうか》でレビューをつけてみましょう。どんな味《あじ》だったのかくわしく文《ぶん》を考《かんが》えてみてください。

いちばんをめざせ!ゲーム

「いちばん早《はや》く登校《とうこう》する」「いちばん早《はや》く手《て》をあげる」「いちばん早《はや》く給食《きゅうしょく》を食《た》べる」など、ひそかにいちばんをめざすゲームをしてみましょう。

オリジナルゲームづくり

テレビやネットを参考《さんこう》にして友《とも》だちとオリジナルゲームを作《つく》ってもりあがりましょう。

考《かんが》えてみよう

自分《じぶん》がどうしたら楽《たの》しく学校《がっこう》へ行《い》けるのか考《かんが》えてみましょう。ちょっとした工夫《くふう》で、毎日《まいにち》のわくわくがふえてきます。

ともだちかんさつ日記《にっき》

学校《がっこう》を研究《けんきゅう》しよう!

この本《ほん》では、学校《がっこう》についてのさまざまなぎもんを集《あつ》めましたが、まだまだ学校《がっこう》のなぞはたくさんあると思《おも》います。学校《がっこう》のふしぎについて、みんなも研究《けんきゅう》してみましょう。

ようい するもの

ノート、えんぴつ、アンケートのコピー用紙《ようし》、画用紙《がようし》など

1 テーマを決《き》める

学校《がっこう》に通《かよ》っていて「なぜだろう」とふしぎに思《おも》っていることなどから、研究《けんきゅう》テーマをさがします。友《とも》だちやおうちの人《ひと》に聞《き》いてみてもおもしろいかもしれません。

おや、今《いま》の教科書《きょうかしょ》はお父《とう》さんの時《とき》とずいぶんちがうね
へぇー! そうなんだ。もしかして昔《むかし》とは人気《にんき》の授業《じゅぎょう》とかもちがうのかな?

2 「仮説《かせつ》」を立《た》てて、しらべる

しらべることが決《き》まったら、どんな結果《けっか》になりそうか予想《よそう》してみましょう。この予想《よそう》を「仮説《かせつ》」といいます。そして、仮説《かせつ》が合《あ》っているかどうか、しらべてたしかめましょう。

お父《とう》さんたちが
小学生《しょうがくせい》のころというと、
今《いま》から25年《ねん》くらい前《まえ》かな
クラスのみんなが
好《す》きなのは体育《たいいく》で、
とくに水泳《すいえい》は人気《にんき》だ。
みんな楽《たの》しいって言《い》っていた
ほかの授業《じゅぎょう》よりも
よく話《はなし》にあがるし
まちがいないと思《おも》う！
学校の研究
「昔と今の人気授業」
仮説
クラスで人気の授業は
体育。なかでも水泳が人気。
むかしもきっと同じはず。
しらべ方
クラス全員35人と
おとな35人にアンケートを
とる。友だちの親に
アンケートの紙をコピーして
くばって、かいてもらう。

3 仮説《かせつ》と結果《けっか》をくらべて、考察《こうさつ》する

考《かんが》えた仮説《かせつ》と、しらべた結果《けっか》をくらべ、どんなことがわかるか考《かんが》えます。考《かんが》えることを「考察《こうさつ》」といいます。自分《じぶん》なりの考察《こうさつ》をまとめましょう。

学校研究アンケート

結果

いまの小学3年生の好きな教科

1位 体育15人 2位 算数10人 3位 図工7人

● 体育で好きなのは？

1位 水泳10人 2位 かけっこ6人 3位 ドッジボール4人

30～50才が好きだった教科

1位 体育 9人 2位 図工 7人 3位 音楽5人

● 体育で好きなのは？

1位 サッカー6人 2位 ドッジボール5人 3位 なわとび3人

まとめ

体育がいちばん人気というぼくの仮説はあたりました。

でも体育のなかで好きなものは、大人でも子どもでも、けっこうバラバラでした。好ききらいは人によってかなりちがうのかも。しらべる人数がふえると順位が変わるかもしれません。

勉強《べんきょう》のふしぎ

勉強《べんきょう》ってやらなきゃダメ？

勉強《べんきょう》とは、何《なに》かを新《あたら》しく知《し》ることです。本当《ほんとう》はとってもおもしろいものなので、やっておいたほうがいいです。

勉強《べんきょう》をつづけると、「そうなんだ！」という発見《はっけん》があったり、自分《じぶん》が興味《きょうみ》を持《も》てることが見《み》つかったり、おもしろいと思《おも》えるものやわかることがふえたりします。そして、これまで

みんながもっている勉強《べんきょう》のイメージを人間《にんげん》にすると

つまらない
めんどうくさい
勉強《べんつよし》さん

このように見《み》えるのではないでしょうか？

でも本当《ほんとう》は！

できなかったたくさんのわざが使《つか》えるようになります。

また、自分《じぶん》のやりたいことが見《み》つかったときに勉強《べんきょう》をしていなくてこまった、という人《ひと》もたくさんいます。

だから「勉強《べんきょう》はしておいたほうがいい」といわれているのです。

いろんな
わざを使《つか》える
すごいやつ！
気《き》づかなかった!!
ステキ…!!
こんなに
おもしろいやつ
だったのか！

では
そのすごさを
見《み》てみましょう

勉強《べんきょう》はこんな力《ちから》を育《そだ》てている！

勉強《べんきょう》をつづけて、
たくさんのわざが使《つか》えるようになると、
できなかったことが
かんたんにできるようになったり、
新《あたら》しいわざを身《み》につけるのが
かんたんになったりします。
こうしたわざをここでは
キャラクターにしてみました。

おぼえさん
キラーン
ひらめきましたわ
知《ち》しきをたくわえる「記憶《きおく》力《りょく》」。知《ち》しきからいいアイデアをひらめくことも。

スポッチャ
ムキムキ
脳《のう》と筋肉《きんにく》は切《き》りはなせない関係《かんけい》。「運動能力《うんどうのうりょく》」をきたえてほかの能力《のうりょく》もアップ！

げんごどん
どーん
ことばで人《ひと》の心《こころ》を動《うご》かす「言語力《げんごりょく》」。自分《じぶん》の意見《いけん》をわかりやすくつたえるぞ。

わたしと
友《とも》だちになると、
これらを使《つか》えるように
なりますよ

もしもひめ

頭《あたま》の中《なか》で新《あたら》しいものを思《おも》いうかべる「想像力《そうぞうりょく》」。空《くう》想《そう》を現実《げんじつ》にできるぞ。

ケイ・サン

すばやく計算《けいさん》する「計算《けいさん》力《りょく》」。頭《あたま》の中《なか》で物事《ものごと》を整《せい》理《り》して考《かんが》えることもできるぞ。

コツコツくん

何《なに》ごともけんめいに取《と》り組《く》む「努力《どりょく》」。達成《たっせい》したよろこびは心《こころ》の強《つよ》さに。

ハン・ダン氏《し》

みらいやものごとを見《み》きわめる「判断力《はんだんりょく》」。これで自分《じぶん》の意見《いけん》をしっかり持《も》てるぞ。

ちゅう子《こ》

ものごとに熱中《ねっちゅう》して取《と》り組《く》む「集中力《しゅうちゅうりょく》」。ほかの能《のう》力《りょく》も高《たか》めやすくなるぞ。

たいちゃん&じんくん

人《ひと》と心《こころ》を通《かよ》わせることができる「対人力《たいじんりょく》」。人《ひと》の意《い》見《けん》をもらってレベルアップ!

勉強《べんきょう》をおもしろくする方法《ほうほう》は？

新《あたら》しく知《し》ったことについて「それはなぜだろう？」「どういうことかな？」と考《かんが》えていくと、勉強《べんきょう》はおもしろくなります。でもきょうみのないことをやらなきゃいけないのは、つらいですよね。

そんなときは、勉強《べんきょう》をゲームだと考《かんが》えてみましょう。問題《もんだい》をどんどんやっつけていくと、少《すこ》しずつ使《つか》えるわざもふえ、できることもふえます。すると、とつぜん勉強《べんきょう》が楽《たの》しく思《おも》える日《ひ》がやってきます。

ファイト！
どうぞ
コツコツ
さあ勉強《べんきょう》の旅《たび》をはじめよう！
START

ゲームには敵《てき》やライバルのそんざいが必要《ひつよう》です。テストや宿題《しゅくだい》を敵《てき》、友《とも》だちをライバルとして、問題《もんだい》をときおわる時間《じかん》や点数《てんすう》をきそいながら、やっつけてみましょう。

くじけそうになったら…

勉強《べんきょう》がつらくなったら、がんばっている自分《じぶん》をたくさんほめてみましょう。

自分《じぶん》のがんばりが世界《せかい》を変《か》えると考《かんが》えてみるのもおすすめです。

授業《じゅぎょう》が45分《ふん》なのはどうして？

ひとつのテレビ番組《ばんぐみ》は、だいたい30分《ぷん》か60分《ぷん》くらいのキリがよい時《じ》間《かん》でおわります。でも、小学校《しょうがっこう》はひとつの授業《じゅぎょう》が45分《ふん》と、なんだかちゅうとはんぱに感《かん》じますよね。

この授業《じゅぎょう》の時間《じかん》は、日本中《にほんじゅう》の子《こ》どもたちがむりなく平等《びょうどう》に勉強《べんきょう》できるよう、文部科学省《もんぶかがくしょう》という国《くに》の役所《やくしょ》の人《ひと》や先生《せんせい》たちが考《かんが》えて決《き》められました。これをもとに、教科書《きょうかしょ》にのせる内容《ないよう》や時間《じかん》わりは決《き》められています。

子《こ》どもたちが集中《しゅうちゅう》できる時間《じかん》や、決《き》まった内容《ないよう》を教《おし》えるのにかかる時間《じかん》を考《かんが》えて、たくさんの大人《おとな》たちが計算《けいさん》し、ああでもないこうでもないと話《はな》し合《あ》いながら、ちょうどいい時間《じかん》を決《き》めたようです。

授業時間《じゅぎょうじかん》が決《き》まるまで

60分《ぷん》の場合《ばあい》…
ぼ〜
ながい…
in 役人《やくにん》の会議《かいぎ》
子《こ》どもたちが授業《じゅぎょう》に集中《しゅうちゅう》できない!
30分《ぷん》にしてみた…
まだ話《はなし》のとちゅうなのに
もう終《お》わった!!
休《やす》み時間《じかん》だー!!
教科《きょうか》をしっかり教《おし》えるには、時間《じかん》が足《た》りない!
45分《ふん》の場合《ばあい》は?
しっかり教《おし》えられる!
これならがんばれるね
こうしてちょうどよい時間《じかん》が決《き》まった。
完

授業《じゅぎょう》に集中《しゅうちゅう》できない！ どうしよう？

おなかがすいたり、ねむかったりして、先生《せんせい》の話《はなし》が耳《みみ》に入《はい》ってこない日《ひ》もありますよね。それはきっと、脳《のう》がうまくはたらいていないせいです。

そんなときは、左《ひだり》のページのことをためして脳《のう》にしげきをあたえ、本気《ほんき》モードをふっかつさせましょう。

これでしばらくは集中《しゅうちゅう》できるはずです。

もしぼんやりしてしまったら…

いま教科書《きょうかしょ》のどこの話《はなし》なのかさがしましょう。

時計《とけい》を見《み》る

「次《つぎ》の5分《ふん》はしっかり聞《き》こう」
「授業《じゅぎょう》の残《のこ》り時間《じかん》までがんばろう」
と、自分《じぶん》なりの目標《もくひょう》を決《き》めましょう。

次《つぎ》の質問《しつもん》で手《て》をあげる!

次《つぎ》は自分《じぶん》の番《ばん》だと思《おも》うと、集中《しゅうちゅう》して話《はなし》を聞《き》くことができます。

ハイッ
よし!
!
パチ パチ パチ

ほかの子《こ》を見《み》てみる

がんばっている友《とも》だちを見《み》て、自分《じぶん》のやる気《き》を上《あ》げましょう。

動《うご》いてみる

ほっぺをつねる、まばたきをするなど、体《からだ》を動《うご》かすと筋肉《きんにく》がしげきされて脳《のう》がはたらき出《だ》します。

なんでテストはあるの？

テストのりゆうを聞《き》いてみると、下《した》のような答《こた》えがかえってくると思《おも》います。でもこれだけではありません。じつはテストには「勉強《べんきょう》をするきっかけづくり」という意味《いみ》があります。

「テストがなくても、ずっと勉強《べんきょう》できる！」という人《ひと》ばかりだったら、テストなんていりません。でも、テストがあるから勉強《べんきょう》をするという人《ひと》は多《おお》くいます。だから、授業《じゅぎょう》のあいだに、ときどきテストがあるのです。

3年2組 がんばるんば
100
自分《じぶん》の実力《じつりょく》を知《し》るため！
5年1組 よん田あいみ
100
目標《もくひょう》に向《む》かって努力《どりょく》するため！
2年3組 剛田強
100
テストで気《き》を引《ひ》きしめるため！
コツコツしてない…
ZZZ…
チーン

ものや部屋《へや》をかたづけるのは、めんどうくさいし、なかなかやる気《き》になれないですよね。

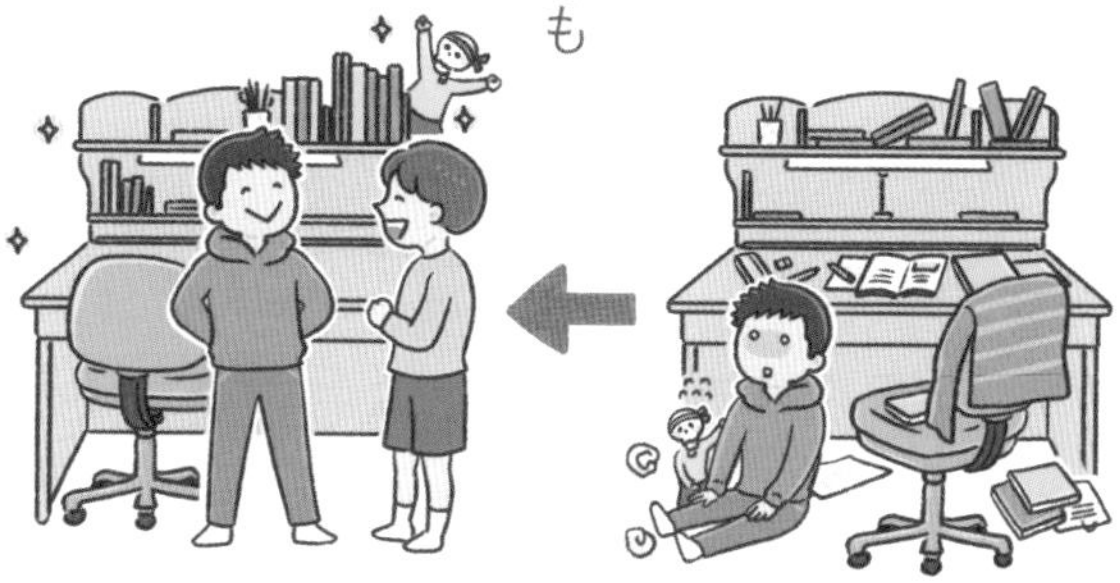

でも

友《とも》だちが遊《あそ》びに来《く》ることになれば、やる気《き》になりますよね。

テストは、これとにています。

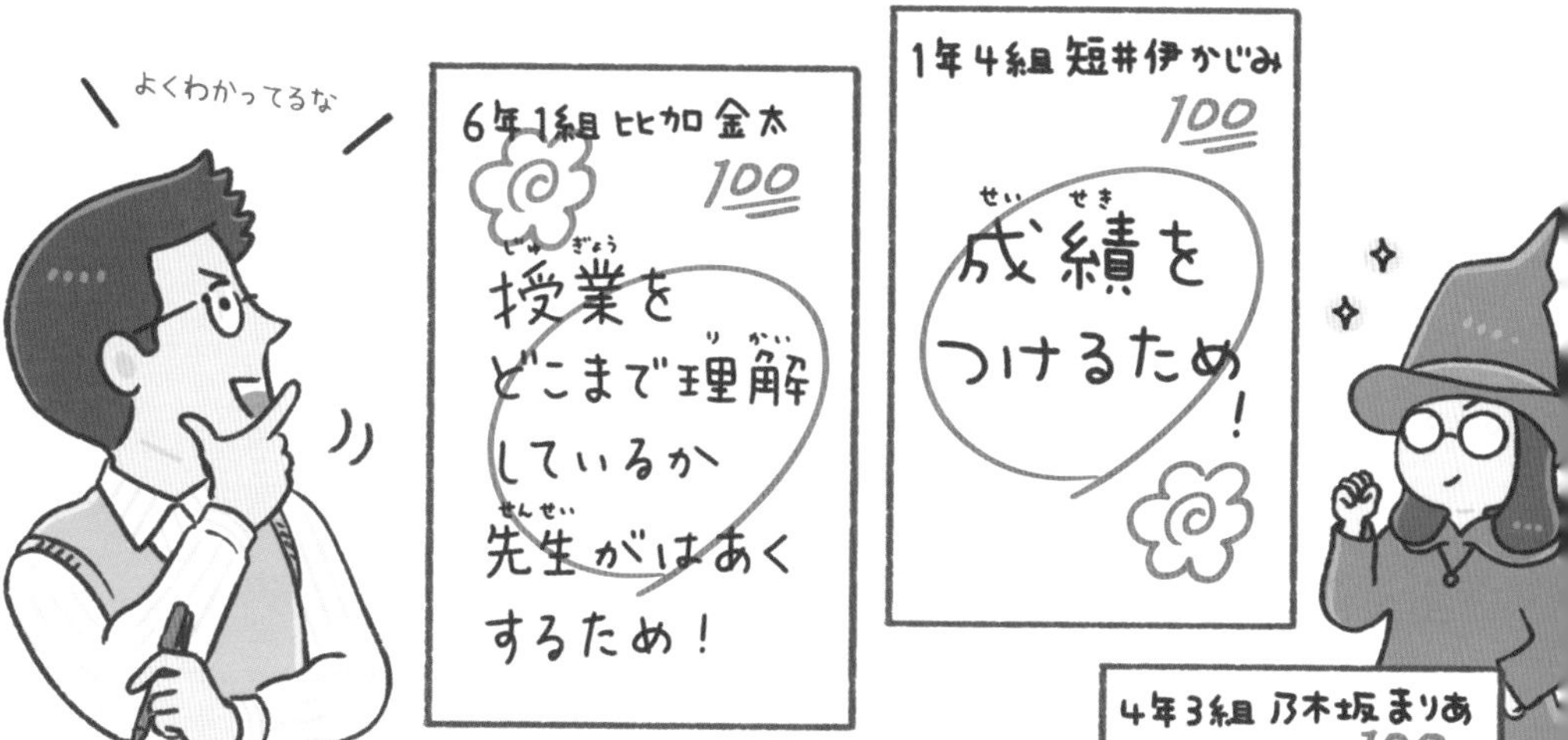
よくわかってるな
6年1組 ヒヒ加 金太
100
授業《じゅぎょう》を
どこまで理解《りかい》
しているか
先生《せんせい》がはあく
するため！
1年4組 短井伊かじみ
100
成績《せいせき》を
つけるため！

4年3組 乃木坂まりあ
100
「どこが
できなかった」
のか
知《し》るため！

考《かんが》えてみよう

なぜテストがあるのか、自分《じぶん》なりに考《かんが》えてみましょう。テストが前《まえ》よりもいやじゃなくなるかもしれませんよ。

こたえ

50

国語《こくご》って何《なに》？

国語《こくご》は、日本語《にほんご》の文字《もじ》を読《よ》み、また書《か》くことで、これらの正《ただ》しい使《つか》い方《かた》をおぼえる勉強《べんきょう》です。

この「読《よ》む」ことと「書《か》く」ことの力《ちから》がつくと、ことばがうまく使《つか》えるようになるだけでなく、さまざまなことができるようになります。

ことばを「読《よ》む」力《ちから》がつくと、たくさんのことを知《し》ったりおぼえたり考《かんが》えたりできるのでごわす。

また国語《こくご》であつかう作品《さくひん》には人《ひと》の心《こころ》について書《か》かれている。これを読《よ》むことで、人《ひと》の心《こころ》もイメージできるようになるのでごわす。

日本《にほん》のことばや文字《もじ》を

さらに日本《にほん》で昔書《むかしか》かれた作品《さくひん》を読《よ》むことは、日本《にほん》という国自《くにじ》体《たい》を勉強《べんきょう》することになるのでごわす。

日本《にほん》の文化《ぶんか》じゃ…
じ〜ん

書《か》く

いっぽう「書《か》く」ということは、正《ただ》しい字《じ》を知《し》って、ぴったりのことばを見《み》つけられることでごわす。

「書《か》く」ができるようになると、ものごとや自分《じぶん》の心《こころ》をことばでうまくつたえられるようになるのでごわす！

ずーっと
ずっと
だいすき
だよ

伝《つた》わる心《こころ》

国語《こくご》の力《ちから》はここでも大《だい》かつやく！

ほかの授業《じゅぎょう》や生活《せいかつ》の場面《ばめん》でも、
国語《こくご》を学《まな》ぶことで助《たす》かることは
たくさんあります。
さまざまなものを読《よ》みといたり、
つたえたりすることが
とっても上手《じょうず》になるんです。

「読《よ》む」と「書《か》く」を
きわめると、
いろいろ役立《やくだ》つでごわす！

文章問題《ぶんしょうもんだい》を
とく！
りんごが5つ入《はい》った
はこが3つある。
つまり、5×3の
かけ算《ざん》だ！
3と5…
これを
どうするの？
さんすう
3
5
もんだい
1つのはこに5つずつりんごを入《い》れていくと、
3つのはこにぴったりおさまりました。
りんごはぜんぶでいくつでしょうか？

きのうのドラマ すごかったね! バーン!シュバッって、めちゃかっこよかった～!
見《み》たことを説明《せつめい》する!
ばくはつからにげるときの身《み》のこなしがみごとだったね。ほれぼれしたわ
ぶつかっちゃってごめんね。わざとではないんだ。今度《こんど》から気《き》をつけるから、ゆるしてほしいな
ゆるさん!
むかつく!
自分《じぶん》の気持《きも》ちをことばにする!

勉強のふしぎ

どんな本《ほん》を読《よ》めばいいの？

かんたんなのは、先生《せんせい》や友《とも》だち、図書館《としょかん》や本屋《ほんや》さんのおすすめを読《よ》むことです。人気《にんき》の本《ほん》は読《よ》みやすいものも多《おお》く、すんなりと物語《ものがたり》の世界《せかい》に入《はい》ることができます。

ほかにも、なんとなく手《て》に取《と》った本《ほん》のページをめくって1行目《ぎょうめ》から3行目《ぎょうめ》を読《よ》んでみるという方法《ほうほう》もあります。もし4行目《ぎょうめ》も気《き》になったら、きっとその本《ほん》は楽《たの》しく読《よ》めます。

さあ、新《あたら》しい本《ほん》との出会《であ》いへ、いらっしゃいませ！

見《み》た目《め》でえらぶ

本《ほん》は表紙《ひょうし》にも工夫《くふう》がほどこされております。パッと見《み》て、脳《のう》にビビッときた本《ほん》をお読《よ》みください。きれいな絵《え》が表紙《ひょうし》の本《ほん》など、いかがでしょうか？

本《ほん》えらびのコツ

おき場所《ばしょ》でえらぶ

「右《みぎ》から2番目《ばんめ》の本《ほん》だなの、上《うえ》から2段目《だんめ》」などと場所《ばしょ》を決《き》めて、順番《じゅんばん》に本《ほん》をお取《と》り出《だ》しください。くじびきのようなドキドキ感《かん》もおともにどうぞ。

シリーズでえらぶ

シリーズが何巻《なんかん》もつづいているということは、人気《にんき》が高《たか》いあかしです。
ごいっしょに続編《ぞくへん》はいかがですか?

ことばでえらぶ

食《た》べ物《もの》や色《いろ》など、その日《ひ》のお題《だい》を決《き》めて、そのことばが入《はい》ったタイトルの本《ほん》をおさがしください。本《ほん》をさがす楽《たの》しさもダブルで味《あじ》わえます。

ちいさいモモちゃん
かいけつゾロリ
ルドルフとイッパイアッテナ
なんでも魔女商会

わかったさんのプリン
ぞうのたまごのたまごやき
おしゃべりなたまごやき

学年《がくねん》べつのおすすめもいいわよ
またおこしくださいませ〜

「本《ほん》を読《よ》むと頭《あたま》がよくなる」のは本当《ほんとう》？

すぐに頭《あたま》がよくなるわけではありません。
ですが、本《ほん》のような長《なが》い文章《ぶんしょう》を読《よ》むと
頭《あたま》のなかにそなわっている
このような力《ちから》がきたえられます。

本《ほん》の内容《ないよう》を
しっかり読《よ》み取《と》ろうと
すると

集中力《しゅうちゅうりょく》が
きたえられる

ぐるぐる
たしかアカネちゃんの
お父《とう》さんは、はなれてくらす
ことになったんだっけ…

人物《じんぶつ》の名前《なまえ》や
物語《ものがたり》の設定《せってい》などを
思《おも》い出《だ》しながら
読《よ》み進《すす》めるので、

記憶力《きおくりょく》が
きたえられる

場面《ばめん》を想像《そうぞう》しながら
物語《ものがたり》を読《よ》んでいくので

想像力《そうぞうりょく》が きたえられる

本《ほん》で何《なに》かをしらべるときは、
必要《ひつよう》な情報《じょうほう》と
そうでない情報《じょうほう》とをえらぶことで

判断《はんだん》力が きたえられる

ヒグマが
夏《なつ》に食《た》べるのは
アリやハチ、
ノイチゴか!

いろんな人《ひと》の
気持《きも》ちを読《よ》むと

人《ひと》づきあいが うまくなる

ピンポーン。
チャイムが鳴《な》りました。
「はい、らっしゃいませ。」
はいってきたのは、おおかみでした。
「パパでしょ、パパおおかみ。」
「そうだよ、アカネちゃん。
おたんじょう日《び》、おめでとう」
パパおおかみは、パパの声《こえ》でいうと、
段《だ》ボールのおうちで、あぐらをかきました。
『アカネちゃんとお客さんのパパ』
松谷みよ子
講談社
より

その後

うちの父《とう》ちゃん、
外国《がいこく》にいるからさ
じゃあみんなで
お母《かあ》さんを
助《たす》けているんだね

勉強のふしぎ

本《ほん》を読《よ》むのはいいのに、どうしてゲームはダメなの？

たくさんの文字《もじ》を読《よ》めるので本《ほん》はいいといわれます。では、なぜゲームは悪《わる》く言《い》われてしまうのでしょうか。それは、おもしろすぎてなかなかやめられないからです。なにしろ日本《にほん》がほこるクリエイターたちが本気《ほんき》で作《つく》っているので、30分《ぷん》くらいでやめるのはむりな話《はなし》です。だから、やるべきことを先《さき》にやってから、あいた時間《じかん》をゲームに使《つか》うのがおすすめです。

ただしゲームのよい点《てん》、悪《わる》い点《てん》については、大人《おとな》でも意見《いけん》の分《わ》かれる問題《もんだい》です。

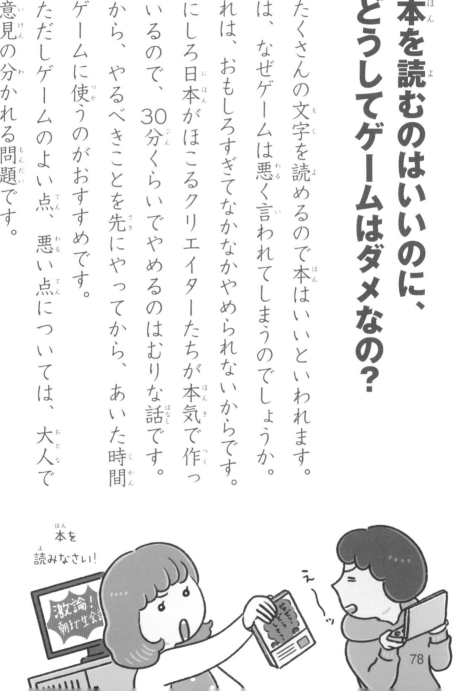

激論！朝まで生会議
本《ほん》はいいけど
ゲームはダメ。
そうか、ちがうか
本《ほん》は文字《もじ》だけで想像《そうぞう》するから頭《あたま》をより使《つか》うことができます。だから本《ほん》がいい！
ちがう派
そうだ派
司会
ゲームはいい！
ゲームはダメ！
ゲームだって物語《ものがたり》を味《あじ》わったりいろんなことばを知《し》ったり、頭《あたま》を使《つか》うのでは？
1日《にち》1時間以内《じかんいない》のゲームだと、よけい勉強《べんきょう》に集中《しゅうちゅう》できるという研究結果《けんきゅうけっか》があります。しかも情報《じょうほう》を処理《しょり》する力《ちから》がのびるといいます！
でも！
ついやりすぎてしまうのがゲームというものでは？「ゲーム障害《しょうがい》」という、ゲームをしていないと気《き》がすまない病気《びょうき》になる人《ひと》もいます
ルールを決《き》めればゲームをしても問題《もんだい》ないはず！気分《きぶん》てんかんも大事《だいじ》だ
ゲームがいいと言《い》ったら、ゲームばかりして本《ほん》を読《よ》まなくなってしまう！
さて、みなさんはどう思《おも》いますか？考《かんが》えてみましょう。
エー!?
う〜ん…
たしかに！

算数《さんすう》ができると、なんかいいことあるの？

算数《さんすう》はとってもべんりな道具《どうぐ》です。買《か》い物《もの》でどちらを買《か》うかくらべて決《き》めたり、スポーツでボールのはやさをしらべたり、何《なに》かをつくるときに長《なが》さをはかったりと、生活《せいかつ》のさまざまな場面《ばめん》で算数《さんすう》を使《つか》います。さらに、すじ道《みち》を立《た》てて考《かんが》えるときも、算数《さんすう》の考《かんが》え方《かた》が使《つか》われています。

つまり算数《さんすう》ができると、問題《もんだい》を解決《かいけつ》する力《ちから》がつけられるので、たくさんのことができるようになるんです。

オトクナノハ…
コチラダ！
ピコーン

推理《すいり》がとくいになる！

どちらが得《とく》かもわかります。

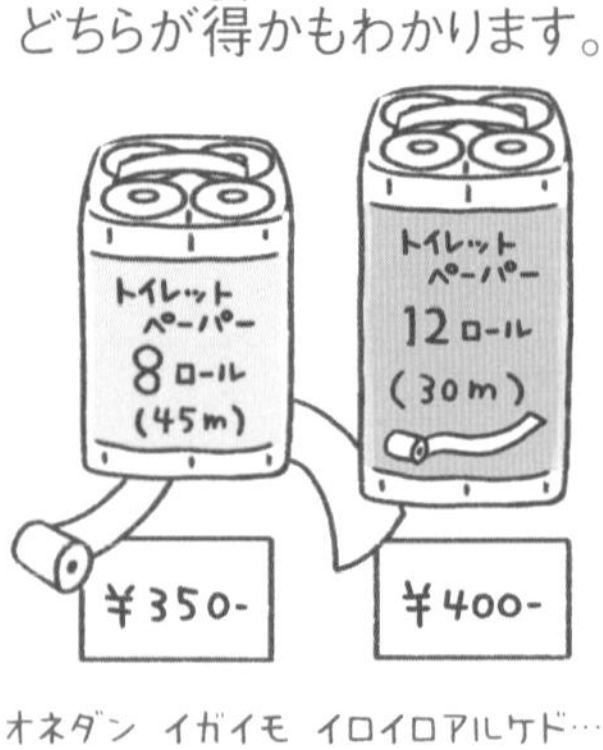
トイレットペーパー
8ロール
(45m)
トイレットペーパー
12ロール
(30m)
¥350-
¥400-
オネダン イガイモ イロイロアルケド…

こんなこともできるかも!?

算数《さんすう》の計算《けいさん》をすると、脳《のう》の一《いち》部分《ぶぶん》の「頭頂葉《とうちょうよう》」が発達《はったつ》します。頭頂葉《とうちょうよう》は指先《ゆびさき》の動《うご》きや、手《て》ざわりなどをコントロールしています。おかげでいろいろなことが上手《じょうず》になります。

スポーツがうまくなる

道具《どうぐ》をうまくあつかえるようになり、手《て》を使《つか》ったスポーツがうまくなります。

地図《ちず》が読《よ》める

図《ず》から方角《ほうがく》やきょりをイメージしてどう進《すす》むか判断《はんだん》できるようになります。

字《じ》や絵《え》がうまくなる

指先《ゆびさき》の動《うご》きがよくなるうえ、字《じ》や絵《え》のバランスを計算《けいさん》できるようになります。

算数《さんすう》は数学《すうがく》という学問《がくもん》のきほんです。数学《すうがく》は、ふくざつなものや目《め》に見《み》えないものを、記号《きごう》や図《ず》や数字《すうじ》におきかえて人間《にんげん》がわかるようにしています。数学《すうがく》のおかげで、宇宙《うちゅう》や自然《しぜん》、ものの動《うご》き、時間《じかん》などいろいろなことがわかるようになりました。このすごい道具《どうぐ》を使《つか》えるようになると、生活《せいかつ》もべんりになるので、みんなは算数《さんすう》を勉強《べんきょう》しているのです。

算数《さんすう》で身《み》につく！ロジカルシンキング

算数《さんすう》の勉強《べんきょう》をしていくと、「ロジカルシンキング」が身《み》につきます。
これは、ものごとを整理《せいり》し、すじ道《みち》を立《た》てて考《かんが》える方法《ほうほう》です。
近道《ちかみち》はどれかを考《かんが》えたり、むじゅんがないかをしらべたりして
問題《もんだい》を解決《かいけつ》するときに、
この「ロジカルシンキング」を使《つか》います。

ふだんのユウタ

ほしい ほしい ほしい
えー
いらないでショ～
新《あたら》しいくつ買《か》って！ みんなこれ持《も》ってるもん！ ほしいよ～ おねが～い

ロジカルシンキングなユウタ

キラーーン
アラッ
新《あたら》しいくつ買《か》って！ 今《いま》おさがりのくつは、足《あし》の形《かたち》に合《あ》っていなくて足《あし》がいたいんだ
自分《じぶん》に合《あ》ったくつをはいたほうが、来月《らいげつ》の運動会《うんどうかい》でもいい結果《けっか》が出《だ》せるよ

▲りゆうを説明《せつめい》しておねがいするほうが、なんだか効果《こうか》がありそう？

名探偵《めいたんてい》! ロジカルシンキング

すいりするように算数《さんすう》の問題《もんだい》をといてみましょう。

【問題《もん だい》】 チョコレート、あめ、せんべい、クッキー、キャラメルがお店《みせ》に売《う》っています。買《か》えるおやつは、ひとり2つまでです。
おやつのえらびかたは、いくつありますか?

ふーむ。まずチョコレートを買《か》うときは、あめ、せんべい、クッキー、キャラメルの4つうちのどれかをえらぶ場合《ばあい》があるな
ハッ!
では、あめを買《か》うときは、あめとせんべい、あめとクッキー、あめとキャラメルの3つのパターンがある、ということだ
ピコピコ ピコピコ
せんべいのときは、せんべいとクッキー、せんべいとキャラメルの2つのパターンがある
さいごに、クッキーとキャラメルの1つのパターン。これらをすべて合《あ》わせると、4+3+2+1=10。だから…
なぞはすべてとけた!!
つまり、おやつのえらびかたは、ぜんぶで10ある!

わかることを少《すこ》しずつ組《く》み立《た》てていくことで、ロジカルシンキングの力《ちから》はやしなわれます。みんなもかっこよく答《こた》えをみちびいてみましょう!

計算《けいさん》がはやくなるコツってあるの？

あります！

問題《もんだい》を何度《なんど》もといて、どんどん手《て》と脳《のう》を動《うご》かし、「こんな問題《もんだい》のときはこうやって計算《けいさん》するんだ」というパターンを体《からだ》におぼえさせる！　これをくり返《かえ》すと、計算《けいさん》ははやくなります。とにかく何度《なんど》もやるのが計《けい》算《さん》がはやくなる近道《ちかみち》です。

ゲームのように楽《たの》しみながら、たくさん問題《もんだい》をといてみてください。正解《せいかい》の数《かず》を少《すこ》しずつふやして、頭《あたま》の回転《かいてん》をどんどんはやくしていきましょう。

ゲーム
カンカクデ
タノシモウ
ぐるぐるぐるぐる

友《とも》だちとバトル!

友《とも》だちと「12×2は?」「24!」と計算《けいさん》問題《もんだい》を出《だ》し合《あ》ったり、問題用紙《もんだいようし》をときおわるまでの時間《じかん》をきそったりしましょう。ライバルに負《ま》けないようにがんばるうちに、計算《けいさん》がはやくなります。

ストップウォッチやタイマーを使《つか》う!

「この計算《けいさん》を何分《なんぷん》でできるか」と時間《じかん》をはかったり、「このプリントを3分《ぷん》でとこう」と時《じ》間《かん》を決《き》めて計算《けいさん》したりしましょう。急《いそ》ごうとすると、脳《のう》から早《はや》く体《からだ》を動《うご》かしなさいという信号《しんごう》が出《で》て、おどろくほど計算《けいさん》がはやくなります。テンポのはやい楽《たの》しい曲《きょく》を流《なが》しながらとくのもおすすめ!

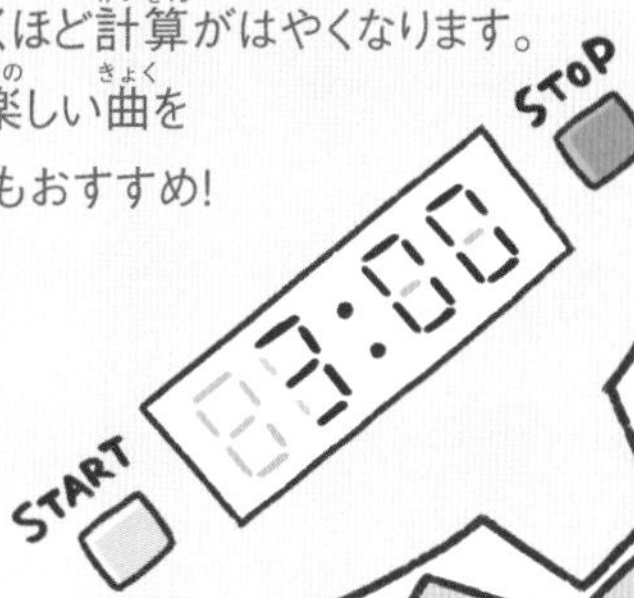
STOP
03:00
START

これでどんどんはやくなるわよ!

「足《た》して10になるペア」と「かけ算九九《ざんくく》」をおぼえる!

多《おお》くの人《ひと》がいっしゅんなやむのが「くり上《あ》がり」と「くり下《さ》がり」です。でも足《た》して10になるペアをおぼえておくと、計算《けいさん》がスムーズになります。おうちの人《ひと》や友《とも》だちと「6のペアは?」「4!」などと問題《もんだい》を出《だ》し合《あ》っておぼえましょう。また2年生《ねんせい》で習《なら》う「かけざん九九《くく》」をかんぺきにおぼえておくのもポイントです。

図《ず》形《けい》や数《かず》や計《けい》算《さん》法《ほう》はこうしてうまれた

今《いま》ではあたりまえのように使《つか》っている算数《さんすう》の図形《ずけい》や数《かず》や計算《けいさん》ですが、最初《さいしょ》に見《み》つかったときは世紀《せいき》の大発見《だいはっけん》と考《かんが》えられました。発見《はっけん》された算数《さんすう》のドラマをごしょうかいします。

図形《ずけい》の決《き》まりを考《かんが》えた、ユークリッド

そもそも
点《てん》と線《せん》って
なんだろう？
これは線《せん》？
これは四角《しかく》？
これは点《てん》？ 丸《まる》？
よし！ 線《せん》は「はばのない長《なが》さ」とする！
点《てん》は「位置《いち》だけをもち、部分《ぶぶん》をもたないもの」とする！
こうして今《いま》から2300年《ねん》ほど前《まえ》に、算数《さんすう》のきほんが決《き》められました。
13巻《かん》の本《ほん》にしたよ
原論 1
2 3 4 5
6 7 8 9
10 11 12 13

九九《くく》のふしぎ

みんなが2年生《ねんせい》でおぼえるかけ算《ざん》の九九《くく》は、大昔《おおむかし》の中国《ちゅうごく》からつたえられたようです。1200年以上前《ねんいじょうまえ》に日本《にほん》の和歌《わか》をまとめた『万葉集《まんようしゅう》』にも、九九《くく》を使《つか》った和歌《わか》が残《のこ》されています。

「九九《くく》＝八十一《はちじゅういち》」だから「二八十一」は…
二は「に」、八十一は「くく」で「にくく」と読《よ》むのよ

「0」の発見《はっけん》

ギュッッ
ポッ
「0」があるおかげで、どんな数字《すうじ》もかんたんにあらわすことができるようになったのです

「0」という数字《すうじ》をはじめて見《み》つけたのは古代《こだい》インド人《じん》だといわれています。それまでは、「何《なに》もない」ことをあらわす数字《すうじ》はなかったので、これはすごい発見《はっけん》でした。

筆算《ひっさん》のたんじょう

少《すこ》しふくざつな計算《けいさん》も、わかりやすくできる筆算《ひっさん》。これは今《いま》から300年以上前《ねんいじょうまえ》に日本人《にほんじん》の関孝和《せきたかかず》という人《ひと》が考《かんが》えました。当時《とうじ》は漢数字《かんすうじ》で計算《けいさん》していましたが、とてもべんりなので今《いま》の形《かたち》まで進化《しんか》しました。

江戸時代《えどじだい》に公式《こうしき》もたくさん見《み》つけたよ～おれ天才《てんさい》？
関孝和《せきたかかず》
イエーイ
24
+68
92

日本人《にほんじん》なのに、なんで英語《えいご》を勉強《べんきょう》するの？

英語《えいご》はもともとイギリスやアメリカの言葉《ことば》でしたが、今《いま》は54か国《こく》もの国《くに》の言葉《ことば》として使《つか》われています。また世界《せかい》には77億人《おくにん》の人《ひと》がいますが、

英語《えいご》はそのなかでもっとも多《おお》い21億人《おくにん》もの人《ひと》が使《つか》っています。

つまり日本語《にほんご》と英語《えいご》を勉強《べんきょう》したら、22億人《おくにん》の人《ひと》と話《はなし》ができるのです！

英語《えいご》で問《と》い合《あ》わせ

英語《えいご》で道《みち》を聞《き》かれた!

また英語《えいご》は世界中《せかいじゅう》の小学生《しょうがくせい》が勉《べん》強《きょう》しているので、もともと英語《えいご》を話《はな》さない国《くに》の人《ひと》でも、英語《えいご》ならだいたい交流《こうりゅう》できます。

さらに、ずっと日本《にほん》にいても、外国人《がいこくじん》とかかわる場面《ばめん》はだんだんとふえています。このため、より多《おお》くの人《ひと》と交流《こうりゅう》できるように、英語《えいご》を勉強《べんきょう》するのです。

おねえちゃんが
けっこん!
家族《かぞく》が外国人《がいこくじん》に!?

職場《しょくば》に外国人《がいこくじん》いっぱい

英語《えいご》を使《つか》うのは21億人《おくにん》!

日本語《にほんご》を使《つか》うのは1億《おく》2000万人《まんにん》さ

中国語《ちゅうごくご》を使《つか》うのは14億人《おくにん》なんだ

ヒンドゥー語《ご》は4億《おく》9000万人《まんにん》だよ

「外《が》国《いこく》語《ご》」は英《え》語《いご》だけじゃない!?

英語《えいご》を
話《はな》す国《くに》では
どんな外国語《がいこくご》を
学《まな》ぶの？

イギリス

イギリスでは、経済《けいざい》が成《せい》長《ちょう》している中国《ちゅうごく》ともっとなかよくなれるよう、中国《ちゅうごく》語《ご》の勉強《べんきょう》が人気《にんき》です。ほかにも昔《むかし》から学《まな》ばれてきた、フランス語《ご》やドイツ語《ご》をえらぶこともできます。

アメリカ

アメリカは、スペイン語《ご》を使《つか》うキューバやメキシコなどの国《くに》とご近所《きんじょ》さんです。このためスペイン語《ご》を勉《べん》強《きょう》しておくとべんりなことが多《おお》いようです。

ニーハオ！
中国語《ちゅうごくご》だよ！

スペイン語《ご》！
オラ！

英語《えいご》は世界中《せかいじゅう》の人《ひと》が勉強《べんきょう》していますが、外国語《がいこくご》といえばかならず英語《えいご》というわけでもありません。ふだん英語《えいご》を話《はな》している人《ひと》は、学校《がっこう》でちがう言語《げんご》を勉強《べんきょう》しています。

ボンジュール!

カナダ

フランス語《ご》さ!

カナダにはかつて、イギリスとフランスの両方《りょうほう》から人《ひと》がわたって来《き》たというれきしがあります。このためフランス語《ご》を話《はな》す人《ひと》がとても多《おお》く、小学校《しょうがっこう》でフランス語《ご》の勉強《べんきょう》をすることが決《き》められています。

オーストラリア

日本語《にほんご》はおもしろい!

オーストラリアはアジアの国《くに》ときょりも近《ちか》く、日本《にほん》とも太平洋《たいへいよう》でつながっています。小学校《しょうがっこう》では勉強《べんきょう》する外国語《がいこくご》を自分《じぶん》でえらびますが、日本語《にほんご》は大人気《だいにんき》です。

アイルランド

古《ふる》くからのアイルランド語《ご》よ!

イギリスとのつながりが深《ふか》いため、現在《げんざい》ではほとんどの国民《こくみん》が英語《えいご》を使《つか》っています。でも、もともとの言語《げんご》もしっかりと話《はな》せるように、小学校《しょうがっこう》でアイルランド語《ご》を勉強《べんきょう》しています。

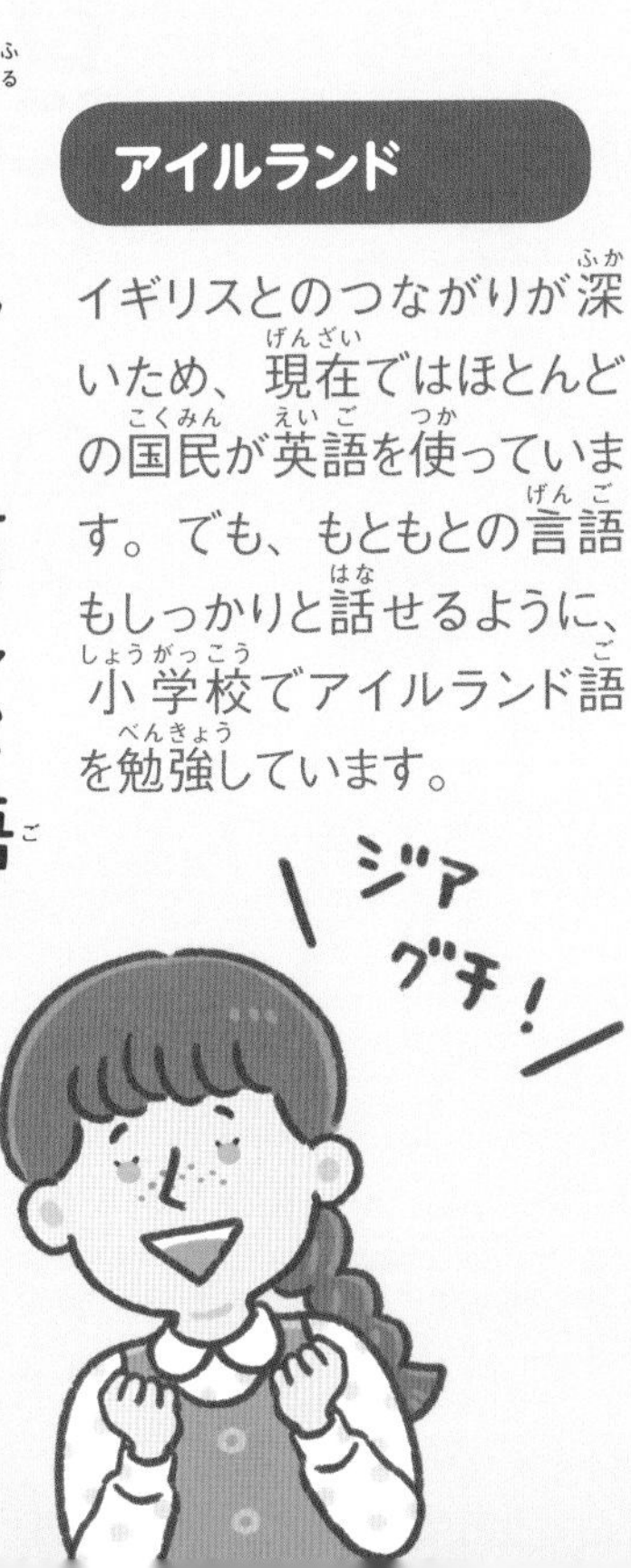
ジアグチ!

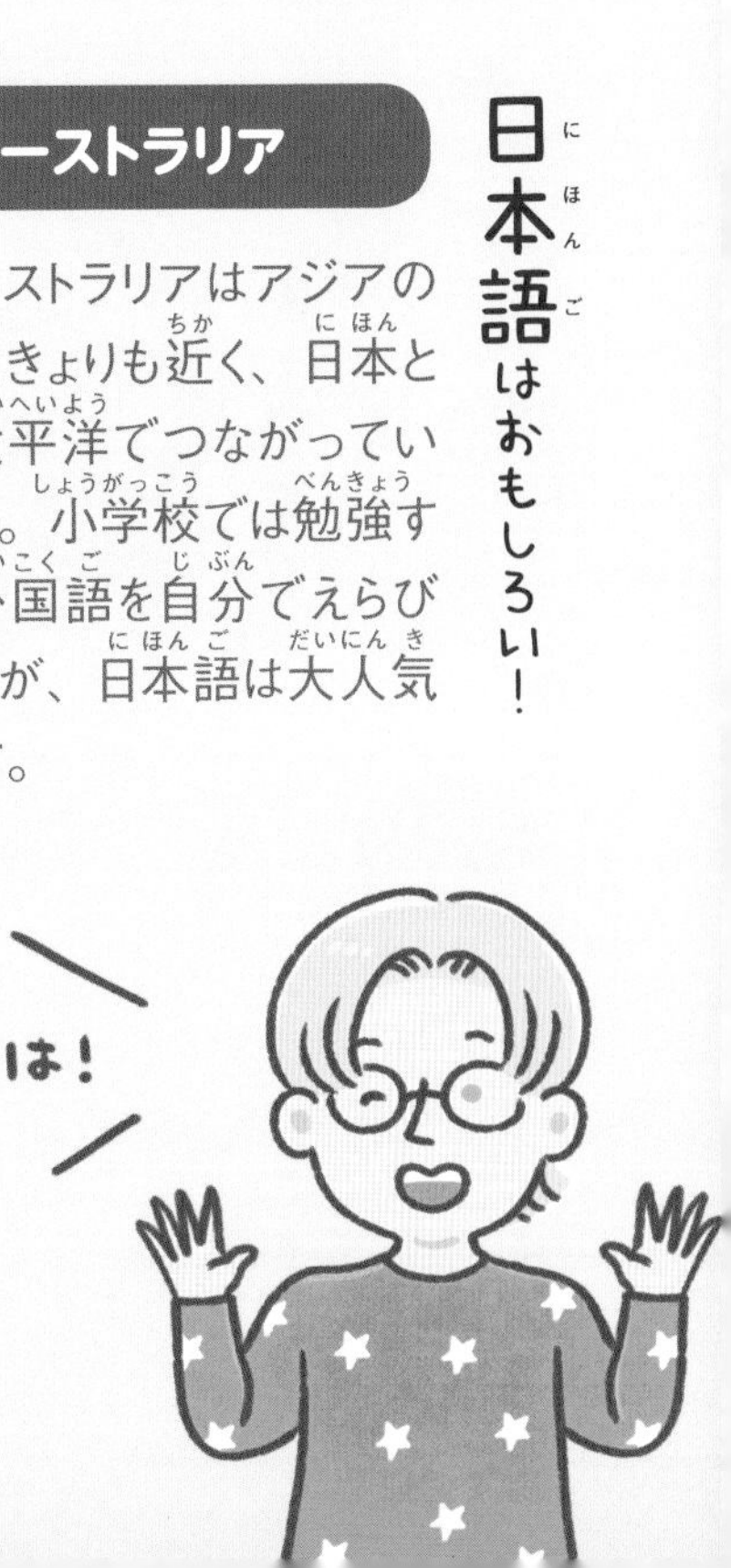
こんにちは!

理科《りか》や社会《しゃかい》は何《なん》の役《やく》に立《た》つの？

小学《しょうがく》3年生《ねんせい》からは生活科《せいかつか》の内容《ないよう》が2つに分《わ》かれて、理科《りか》と社会《しゃかい》がはじまります。どちらも、ものごとを「観《かん》察《さつ》する」勉強《べんきょう》です。

理科《りか》の場合《ばあい》は、花《はな》や生《い》き物《もの》などの自然《しぜん》や、電気《でんき》や光《ひかり》などの物質《ぶっしつ》のしくみを観察《かんさつ》します。社会《しゃかい》の場合《ばあい》は、その土地《とち》やその時代《じだい》で、人間《にんげん》

自然《しぜん》をひもとく！
役立《やくだ》つものをつくる！
理科
Cup Noodle
このくらい光《ひかり》を当《あ》てれば…この実《み》は甘《あま》くなるんだな！
もしこの虫《むし》の動《うご》きを機械《きかい》に取《と》り入《い》れたら…手術《しゅじゅつ》で役立《やくだ》つかも

がつくってきたものを観察《かんさつ》します。

理科《りか》や社会《しゃかい》の勉強《べんきょう》をつづけると、病気《びょうき》をなおす方法《ほうほう》や、ごはんをたくさんつくる方法《ほうほう》、お金《かね》のかせぎかたや、戦争《せんそう》のりゆう、国《くに》や惑《わく》星《せい》や生《い》き物《もの》がどう生《う》まれたのか、といったさまざまなことがわかります。理科《りか》や社会《しゃかい》はよりよい世《よ》の中《なか》をつくるためのきそとなるのです。

歴史《れきし》をひもとく!
しくみをつくる!
SHOP
法
社会
人《ひと》が幸《しあわ》せになるには…
この服《ふく》はいくらで売《う》ろうか?
戦争

学校《がっこう》では理科《りか》や社会《しゃかい》のきほんを学《まな》びます。ここから「なぜ?」「どうして?」をどんどんつきつめていくと、もっといい世《よ》の中《なか》をつくることができます。

理科《りか》や社会《しゃかい》を学《まな》んだ人《ひと》に聞《き》きました

自然《しぜん》を学《まな》び、生活《せいかつ》に必要《ひつよう》なものづくりに役立《やくだ》つ理科《りか》。
そして、その土地《とち》や人間《にんげん》のれきしを学《まな》び、今《いま》の生活《せいかつ》のしくみを考《かんが》えるときに役立《やくだ》つ社会《しゃかい》。
とっても大事《だいじ》な勉強《べんきょう》だということはわかりましたが、
それでもやる気《き》になれない人《ひと》もいますよね。
そこで、理科《りか》や社会《しゃかい》を勉強《べんきょう》した先《せん》ぱいたちに
本音《ほんね》を聞《き》いてみました。

街角《まちかど》インタビュー！ なんで理科《りか》や社会《しゃかい》を勉強《べんきょう》したの？

とりあえず勉強《べんきょう》したわ。あとから食品《しょくひん》の仕事《しごと》には栄《えい》養《よう》の知《ち》しきもいるとわかって、理科《りか》を学《まな》んでいてよかったと思《おも》ったわ！
（40代《だい》　食品会社《しょくひんがいしゃ》　研究員《けんきゅういん》）

電車《でんしゃ》が好《す》きだから、電気《でんき》や機械《きかい》の勉強《べんきょう》はつらくなかったな。その知《ち》しきは今《いま》の仕事《しごと》にも役立《やくだ》っているよ
（30代《だい》　公務員《こうむいん》・町《まち》の災害担当《さいがいたんとう》）

看護師《かんごし》の学校《がっこう》に行《い》くには、生物《せいぶつ》や化学《かがく》という理科《りか》の科目《かもく》も学《まな》ばなきゃいけないんです。苦手《にがて》だけど、がんばりました
（20代《だい》　看護師《かんごし》）

社会《しゃかい》？　とにかく書《か》きまくってておぼえてたな（笑《わらい》）　大学《だいがく》に行《い》きたいから必死《ひっし》だったよ
（10代《だい》　大学生《だいがくせい》）
歴史人物《れきしじんぶつ》が出《で》てくるゲームにハマったんです。そうしたら歴史《れきし》の勉強《べんきょう》も楽《たの》しくなって。それで社会《しゃかい》を自分《じぶん》の武器《ぶき》にしました！
（20代《だい》　会社員《かいしゃいん》）
ナルホド
高校《こうこう》の地理《ちり》ってかなりおもしろいんだ！　でも都道府県《とどうふけん》や地《ち》いきの名産《めいさん》を知《し》らなきゃおもしろく思《おも》えない。小学校《しょうがっこう》から勉強《べんきょう》していてよかったよ
（50代《だい》　地理《ちり》の教師《きょうし》）
地理

好《す》きだから勉強《べんきょう》したという人《ひと》もいますが、じっさいは行《い》きたい学《がっ》校《こう》やなりたい仕事《しごと》のため、理《り》科《か》や社会《しゃかい》を勉強《べんきょう》した人《ひと》も多《おお》いようです。勉強《べんきょう》は、あとから「やっててよかった」と気《き》づくことが多《おお》いので、みんなもなんとか、がんばりましょう!

大学《だいがく》を出《で》て弁護士《べんごし》になるには、まんべんなくいい成績《せいせき》をとらなくてはなりませんが、「社会《しゃかい》」はとくにいい点数《てんすう》をとらないと…
（30代《だい》　弁護士《べんごし》）
いったん
CMでーす

体育《たいいく》が苦手《にがて》なんだけど……

体育《たいいく》が得意《とくい》か、そうでないかは、それぞれの体《からだ》の大《おお》きさや、けいけんと関係《かんけい》しています。できない種目《しゅもく》があると、「いやだな」と思《おも》うものですが、じょうぶな体《からだ》をつくるために、体育《たいいく》はかかせません。

そこで、どうやったらできるようになるのか作戦《さくせん》を立《た》てて、苦手《にがて》をのりこえてしまいましょう！

作戦《さくせん》1

なんでできないのかを考《かんが》えてみましょう。

がんばれ
どうしてもなわをふんじゃうな
ジャンプがひくいのかな
高《たか》くとんだらつかれる…
なわ子

やってみよう

いちばん大切《たいせつ》なのは、体育《たいいく》を楽《たの》しむこと。がんばりすぎて運動《うんどう》がつらくならないように、こんなやりかたをためしてみてください。

たとえば…
- 練習《れんしゅう》のあとにごほうびを用意《ようい》する
- まずはできることに注目《ちゅうもく》してみる
- できる子《こ》のまねをしてみる
- 楽《たの》しいと思《おも》えることからはじめてみる

1週間後《しゅうかんご》…

作戦《さくせん》2 人《ひと》に見《み》てもらって、アドバイスをもらいます。

なわ子
できた!!!

なわ子
どうかな?
うーん。もっとひざを曲《ま》げてとんでみたら?
よし! 宿題《しゅくだい》のあとに毎日《まいにち》20回《かい》ずつやろう!

作戦《さくせん》3 くり返《かえ》しチャレンジして、体《からだ》にコツをおぼえさせます。

＼スポッチャの／
苦手《にがて》こくふく大作戦《だいさくせん》!

やったな

音楽《おんがく》や道徳《どうとく》の授業《じゅぎょう》があるのはどうして？

これらの授業《じゅぎょう》は受験科目《じゅけんかもく》にない学《がっ》校《こう》も多《おお》いため、「勉強《べんきょう》しなくていいじゃん」と考《かんが》える人《ひと》もいます。

でもこれらの勉強《べんきょう》では、人生《じんせい》を楽《たの》しみ、人生《じんせい》をよりよく生《い》きるための「センス」をみがくことができます。算数《さんすう》や理科《りか》とちがって答《こた》えがひとつではないので、自分《じぶん》らしい答《こた》えを見《み》つけられるようになります。つまり、人生《じんせい》に役立《やくだ》つ勉強《べんきょう》なのです。

こんなことが学《まな》べる!

道徳《どうとく》 ほかの人《ひと》の気持《きも》ちを考《かんが》えた行動《こうどう》ができるようになります。

なんだか
リラックスできる
メロディーだな～

音楽《おんがく》

世界中《せかいじゅう》であいされるさまざまな曲《きょく》を知《し》り、心《こころ》がゆたかになります。

家庭科《かていか》

自分《じぶん》のことを自分《じぶん》でできるようになることは、ひとりで生活《せいかつ》するために必要《ひつよう》です。

ボタンが
とれちゃったから
自分《じぶん》でつけ直《なお》そう！

ドキドキ
きれいな字《じ》。
きっとすてきな
人《ひと》だ
すきです

書道《しょどう》

きれいな字《じ》は、人《ひと》に感動《かんどう》をあたえます。大事《だいじ》にしたい日本《にほん》の文化《ぶんか》のひとつです。

好《す》きな青色《あおいろ》を使《つか》って
オリジナルの
チケットを作《つく》ったよ
発表会

図画工作《ずがこうさく》

ことばを使《つか》わずに「自分《じぶん》らしさ」をつたえられます。

センスをみがけ！　センス道場《どうじょう》

書道《しょどう》や音楽《おんがく》が苦手《にがて》な人《ひと》もたくさんいますよね。でも、だいじょうぶ。センスをみがけば上達《じょうたつ》するはずです。センスとは、ものごとの美《うつく》しさや味《あじ》わい、動《うご》きを感《かん》じ取《と》る能力《のうりょく》のこと。ここでセンスをみがくコツをしょうかいするので、まねしてみてください。

書道《しょどう》センス

とめ、はね、はらいをしっかりとする。線《せん》の角度《かくど》をそろえる。これが、きれいな字《じ》を書《か》くコツです。メリハリをつけてお手本《てほん》の字《じ》をしっかり見《み》て書《か》きましょう。

料理《りょうり》センス

栄養《えいよう》バランスは、色《いろ》どりを考《かんが》えるとよくなります。茶色一色《ちゃいろいっしょく》や白一色《しろいっしょく》ではなく、赤《あか》、緑《みどり》、黄色《きいろ》、白《しろ》、茶《ちゃ》と、いろんな色《いろ》の具《ぐ》を入《い》れてみましょう。きれいなお皿《さら》にのせるとさらにすてき！

運動《うんどう》センス

運動能力《うんどうのうりょく》を上《あ》げるには、体《からだ》のバランスをよくするのがいちばんです。たとえば、おなかに力《ちから》を入《い》れ、それを意識《いしき》して歩《ある》いたり走《はし》ったりしてみましょう。バランスがよくなります。

音楽《おんがく》センス

まずは音楽《おんがく》をしっかり聞《き》くことが大切《たいせつ》。そして、音《おと》に合《あ》わせて体《からだ》を動《うご》かしてみましょう。少《すこ》しずつリズムがとれてくるはずです。

絵《え》や工作《こうさく》がうまくなるには?

絵《え》や工作《こうさく》では、手《て》と同時《どうじ》に、目《め》や頭《あたま》など、全身《ぜんしん》をいっしょに動《うご》かすことで、すてきな作品《さくひん》を作《つく》れるようになります。体育《たいいく》と同《おな》じく、頭《あたま》と体《からだ》を使《つか》うのです。

思《おも》いつくままに作《つく》るのもいいですが、ちょっとしたコツで、おどろくほどうまく見《み》えてきます。

コツ ① ときめくものをさがす

ふだんから自分《じぶん》のまわりを見《み》て、心《こころ》がときめくものをさがしてみましょう。心《こころ》のアンテナをはることが、アートのはじまりです。

コツ ②しっかりと見《み》る

かく前《まえ》に、かくものがどんな形《かたち》をしているのか、すみずみまでよく見《み》ましょう。心《こころ》の目《め》を見《み》開《ひら》いて、じっくり観察《かんさつ》します。

まゆげがある
鼻《はな》は黒《くろ》くて
テカテカしてる
毛《け》がふわふわ
ひげがある
しっぽが
クロワッサン
みたい

コツ ③考《かんが》えながら手《て》を動《うご》かす

うまい絵《え》はバランスが計算《けいさん》されています。線《せん》をかく前《まえ》に全体《ぜんたい》のバランスを考《かんが》えながらかきましょう。頭《あたま》の中《なか》で完成図《かんせいず》を思《おも》いうかべ、それをうつしとるようにします。

ケイサン
シテネ

目《め》はキリッと
させて…
あれ？もっと耳《みみ》は
とんがっているかな？
鼻《はな》はもっと
上《うえ》かな？

アートにはルールがある！

世界《せかい》にはいろいろなすばらしいアート作品《さくひん》がありますが、じつはどのアートにも共通《きょうつう》するルールがあります。たとえば次《つぎ》のようなものです。みんなもぜひためしてみてください！

①「どうおくか」を考《かんが》える

まんなかにおく

主役《しゅやく》を紙《かみ》の中心《ちゅうしん》においてみましょう。まわりにほかのものをおくことで、主役《しゅやく》をよりはなやかに見《み》せられます。

少《すこ》しずらす

主役《しゅやく》を、中心《ちゅうしん》から少《すこ》しずらしておいてみましょう。より目《め》をひく背《はい》景《けい》をつくりだすことができます。空間《くうかん》をぜいたくに使《つか》って、主《しゅ》役《やく》を目立《めだ》たせましょう。

前後《ぜんご》をつくる

主役《しゅやく》が後《うし》ろのほうにいるように手前《てまえ》のものを大《おお》きくかきましょう。主役《しゅやく》とのメリハリをつけ、おくゆきのある絵《え》にできます。

② 色《いろ》の組《く》み合《あ》わせを考《かんが》える

強《つよ》い

力《ちから》強《づよ》く、はげしい絵《え》をかくときにぴったりです。このような色《いろ》を原色《げんしょく》といいます。

さわやか

すきとおる空《そら》や海《うみ》など、すがすがしい自然《しぜん》のものをかくときにおすすめの色《いろ》です。

やさしい

ふんわりとした絵《え》をかきたいときは明《あか》るくやわらかい色《いろ》を使《つか》います。パステルカラーといいます。

はなやか

花《はな》によくある色《いろ》は、明《あか》るく元《げん》気《き》な絵《え》をかくときに使《つか》います。はでなイメージにもできます。

③ 立体的《りったいてき》にする

かげをつける

光《ひかり》のあたる部分《ぶぶん》は明《あか》るく、かげになる部分《ぶぶん》はくらくしましょう。絵《え》がより本物《ほんもの》のように見《み》えます。

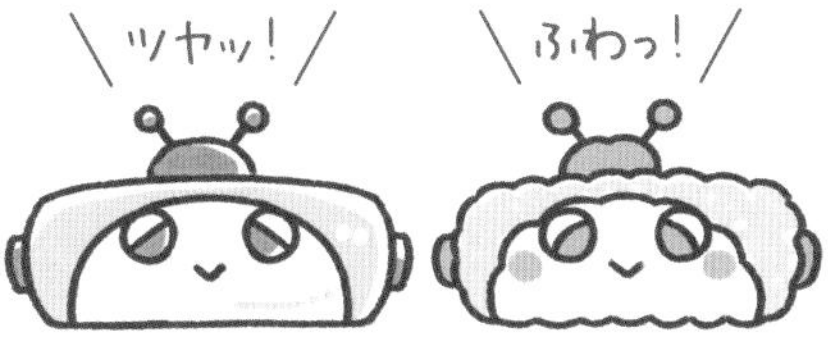

質感《しつかん》を出《だ》す

ふわふわ・つるつる・ざらざらなど、かくものがどんなさわり心地《ここち》なのか、表現《ひょうげん》してみましょう。

宿題《しゅくだい》を早《はや》くおわらせる方法《ほうほう》は？

おうちの人《ひと》に「宿題《しゅくだい》はやった？」と聞《き》かれると、急《きゅう》にやる気《き》がなくなるときもありますよね。だから、言《い》われる前《まえ》にとっととおわらせてしまいましょう。

こういうときは、自分《じぶん》で自分《じぶん》にごほうびをつくって、やる気《き》を出《だ》すのも作戦《さくせん》のひとつ。「自分《じぶん》で決《き》める」というのがポイントです。

宿題《しゅくだい》をおわらせる時間《じかん》が早《はや》いほど、ごほうびの時間《じかん》を長《なが》く楽《たの》しむことができます。おうちの人《ひと》にもニコニコされて、いいことばかりですよ！

やる気《き》出《で》ないなー動画《どうが》見《み》たい〜
あー。おかし食《た》べたらねむくなっちゃったー
きょうりゅうにむちゅうで宿題《しゅくだい》が手《て》につかないよー

たとえば……

みんなも自分《じぶん》のやる気《き》が出《で》る作戦《さくせん》を立《た》ててみましょう!

日記《にっき》や作文《さくぶん》には何《なに》を書《か》けばいい？

何《なに》を書《か》いてもいいです。もしなやんだときは、文《ぶん》のタイプを決《き》めると、書《か》きたいことが見《み》つかりやすくなります。

次《つぎ》の4つをぜひおためしあれ。

タイプ1　手紙《てがみ》

その日《ひ》の楽《たの》しかったことや、かなしかったことを、先生《せんせい》や家族《かぞく》に手紙《てがみ》でつたえるつもりで書《か》いてみましょう。

ぽわ〜
今日《きょう》は給食《きゅうしょく》がおいしかったな。パプリカが…

タイプ2　観察日記《かんさつにっき》

自分《じぶん》のまわりのものをじっくり観察《かんさつ》して、気《き》になることを10こ書《か》き出《だ》してみましょう。家族《かぞく》でも、動物《どうぶつ》でも、なにを観察《かんさつ》してもOK《オーケー》です！

お母《かあ》さんの観察《かんさつ》
●今日《きょう》はユニクロのトレーナーとズボンを着《き》ている
●ダイエット中《ちゅう》なのに、おかしを食《た》べていた
●またこのガラスのお皿《さら》を使《つか》っている　気《き》に入《い》っているのかな？
●ぼくらがテレビを見《み》ているときも、いそがしそうにしていた
ポテチ

タイプ3　レポート

最近《さいきん》あったできごとや、それについて自分《じぶん》やまわりのみんながどう感《かん》じたかをわかりやすく書《か》きましょう。いつ、何《なに》が、どうして起《お》こって、それについて自分《じぶん》はどう考《かんが》えたか、これからどうするか、という順番《じゅんばん》で書《か》きます。

例《れい》

夕食《ゆうしょく》のかたづけのとき、おねえちゃんがガラスのお皿《さら》を落《お》としてわりました。

お母《かあ》さんのお気《き》に入《い》りだったのに。

お母《かあ》さんは「あぶないから、あっちいってなさい」といってそうじをしました。おねえちゃんは「ごめんごめん」といって、すぐテレビを見《み》ていました。

ぼくはもやもやしました。なぜなら、おねえちゃんがぜんぜん悪《わる》く思《おも》っていないように見《み》えたからです。

ぼくがもし人《ひと》が大切《たいせつ》にしているものをこわしたときは、心《こころ》をこめてあやまりたいです。

タイプ4　物語《ものがたり》

自分《じぶん》に起《お》こったできごとを、ひとつの物語《ものがたり》のようにして書《か》き残《のこ》してみましょう。主人公《しゅじんこう》は自分《じぶん》でもいいし、まわりの人《ひと》や、物《もの》でもかまいません。おもしろいものを書《か》きつづけたら、将来《しょうらい》は作家《さっか》としてデビューできるかもしれませんよ。

例《れい》

ああ、ついにわられてしまったわ。わたしの皿《さら》としての毎日《まいにち》もここまで。うらむわよ、おねえちゃん。でも、わたしにはたくさんの思《おも》い出《で》があるわ。

そう、あれはパプリカの…

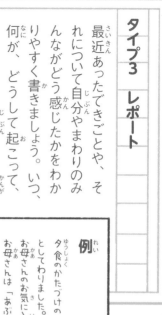

勉強のふしぎ

どうしたら頭《あたま》がよくなるの？

そもそも頭《あたま》がいいって、どういうことでしょう？　テストでいい点《てん》を取《と》れたら頭《あたま》がいい？

答《こた》えはいろいろありますが、頭《あたま》がいい人《ひと》は、たくさんの能力《のうりょく》を使《つか》ってひとつのことからいろいろなことを考《かんが》えられます。

つまり「考《かんが》えの引《ひ》き出《だ》し」をふやすと、頭《あたま》のいい人《ひと》になれるのです。

友《とも》だちとけんかしたとき

むかつくなー
あんなにおこって意味《いみ》わかんないー

考《かんが》えの引《ひ》き出《だ》しが少《すく》ないと、問題《もんだい》が解決《かいけつ》しにくい多《おお》くの能力《のうりょく》をやしなえば、考《かんが》えの引《ひ》き出《だ》しはふやせます。そのために、勉強《べんきょう》をふくめたさまざまなけいけんをして、自分《じぶん》が使《つか》えるわざをみがいていきましょう。

!! そういえば…
この前《まえ》、同《おな》じことを言《い》ったらかなしそうな顔《かお》してたな
もしかして？？
なんでおこったんだろう。言《い》ってほしくないことを言《い》ってしまったのかな？
わけを聞《き》いて心《こころ》をこめて話《はな》せばゆるしてくれるかな？
コツコツ!
もしゆるしてくれなくても、何度《なんど》でもあやまろう
このあいだ読《よ》んだ本《ほん》では、こうやって仲直《なかなお》りしていたな…
よし!!
おれたちがついてるぞ!

考《かんが》えの引《ひ》き出《だ》しがふえると、問題《もんだい》を解決《かいけつ》しやすくなる!

やる気《き》の日記《にっき》をつけよう!

宿題《しゅくだい》や勉強《べんきょう》などはやらなきゃいけないとわかっていても、やる気《き》になれない日《ひ》もありますよね。そこで、自分《じぶん》がどんなときにやる気《き》になるか、観察日記《かんさつにっき》をつけてみましょう。

ようい するもの

ノート、えんぴつなど

やる気《き》を観察《かんさつ》しよう

自分《じぶん》がどんなときにやる気《き》になったか、やる気《き》をうしなったか、毎日《まいにち》メモをとってみましょう。そして、自分《じぶん》のやる気《き》が出《で》るときはどんなときかをしらべて、考《かんが》えたことをまとめましょう。

やるき
8/1 夏のワークをはじめる。旅行までにおわらせるぞ!オー!
10
8/2 今日はワークまでおわった。でもつかれた。
8
8/3 手をつける気になれなくてマンガを読んでワークをした。
4
8/4 今日ははなちゃんとプールに行った!つかれてワークはできなかった
0
8/5 マンガを読んでたらお母さんに「ワークは?」といわれていやな気持ちに。
1
8/6 土曜日だけど少しワークをした!お母さんにほめられた。
8
結果
・「早くしなさい!」「~はやったの?」と命令されるとやる気がなくなる。
・「えらいね」「がんばれ」とほめられるとやる気が出る。
また、何かをはじめようと自分で思ってすぐはやる気があるけどしばらくするとやる気はなくなる。
考えたこと
お母さんの声のかけ方によって、わたしのやる気は大きく変わるみたい。

友《とも》だちのふしぎ

友《とも》だちって、どこから？

いっしょにいて楽《たの》しいと思《おも》う、そして相手《あいて》もそう思《おも》ってくれている子《こ》、それが友《とも》だちです。

ときどき、特別《とくべつ》に仲《なか》のいい友《とも》だちを「親友《しんゆう》」という人《ひと》がいますが、親友《しんゆう》はひとりだけとか、つくらないとダメとか、そんなルールはありません。なかには、そんな友《とも》だちとの関係《かんけい》をことばで決《き》めることで安心《あんしん》できる人《ひと》もいます。でもじっさいは、自分《じぶん》が友《とも》だちと思《おも》ったら、友《とも》だちです。

もし、学校《がっこう》に友《とも》だちがいないという人《ひと》がいても、だいじょうぶ！

これから、いろんな人《ひと》とおしゃべりをしていくうちに「いっしょにいたいな」と思《おも》う人《ひと》がきっとあらわれます。

友《とも》だちになれそうな子《こ》はいるかな？

いえ〜い
ぞうきんに
アップリケを
つけてみたの！
すてき――！
ちゃんとしてよ！
さとるくんは
明《あか》るくていつも
楽《たの》しそう！
とおるちゃんは
かわいいものが
好《す》きなんだよね
れいにちゃんは
てきぱきして
はっきりものを
言《い》えるなあ

クラスの子《こ》のいいところ、楽《たの》しいところをさがしてみて、仲《なか》よくなれそうな子《こ》に話《はな》しかけてみましょう！　もしいなかったら、むりに好《す》きにならなくてもいいので「仲《なか》が悪《わる》くない人《ひと》」をふやしましょう。

友《とも》だちになろう大作戦《だいさくせん》！

クラスに「この子《こ》と友《とも》だちになりたいな…」と思《おも》う子《こ》はいないでしょうか？

なかには、話《はな》すきっかけがつかめない子《こ》もいるかもしれません。

学校《がっこう》にはいろんな性格《せいかく》の子《こ》がいるので、なかなか仲《なか》よくなれない子《こ》もいるでしょう。

そんなときは、こちらの3つの作戦《さくせん》をためしてみてください。

作戦《さくせん》1から3をつづけてみて、いっしょにいて楽《たの》しいと思《おも》う時間《じかん》がふえたら、ふたりはきっと、友《とも》だちです。

作戦《さくせん》2

作戦《さくせん》3

クラスで人気者《にんきもの》になる方法《ほうほう》は？

クラスにはいろいろな性格《せいかく》や個《こ》性《せい》を持《も》っている人《ひと》がいて、だからこそ楽《たの》しいクラスができあがります。でもその中《なか》で、まわりにたくさんの人《ひと》が集《あつ》まってくる子《こ》は、とくべつな「オーラ」を持《も》っているようなのです。オーラとは内側《うちがわ》から出《で》ている空気《くうき》のこと。これをしらべて、人気者《にんきもの》になるコツをさぐってみましょう。

いつもはしゃいだり、おもしろいことをしていたり。こんな楽《たの》しいオーラの子《こ》には、しぜんと人《ひと》が集《あつ》まってきます。

テキパキなオーラ

はずかしがらずに自分《じぶん》の意見《いけん》を言《い》える子《こ》は、まわりの人《ひと》からたよられます。友《とも》だちの相談《そうだん》にもていねいに答《こた》えてくれそうです。

にこにこなオーラ

多《おお》くの人《ひと》は、明《あか》るく話《はな》しかけられるとうれしくなるものです。自分《じぶん》ともなかよくしてくれそう。そんなやさしそうなオーラに、みんな引《ひ》きよせられます。

キラキラなオーラ

好《す》きなことを楽《たの》しんでいたり、何《なに》かを上手《じょうず》にできたりする人《ひと》を、みんな「すごい!」と思《おも》うものです。あこがれて、みんなが集《あつ》まってきます。

得意《とくい》なことを自信《じしん》をもってやっている人《ひと》や、すてきな人《ひと》の近《ちか》くに、人《ひと》は集《あつ》まってくるようです。でも、人気者《にんきもの》にならなくたって、自分《じぶん》のみりょくをわかってくれる人《ひと》がひとりでもいれば、きっとしあわせです。

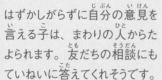

みんな気《き》になる？「ふつう」と「ちがう」

人《ひと》はどうしても、人《ひと》とのちがいを気《き》にしてしまう生《い》き物《もの》です。
そのためについ、その人《ひと》に強《つよ》くひかれたり、ぎゃくにいやがったりしてしまいますが、
少《すこ》しだけ考《かんが》えてほしいことがあります。
たとえば「ふつう」と「ちがう」について、次《つぎ》の場面《ばめん》と、にたような場面《ばめん》を見《み》たことはありませんか？

耳《みみ》って言《い》ったら、「ふつう」こうだよね！

この子《こ》たちは「ふつう」かどうかをとても気《き》にしています。

ぼくの耳《みみ》はふつうじゃないんだ…

どうやら、みんなと同《おな》じであることを、いいと思《おも》っているようですね。

あれ？
でもこちらでは変《か》わっていることをいいと思《おも》っているみたいです。

すごい！
みんなと「ちがって」
かっこいいつめだね！
いいなあ、
ぼくなんて
「ふつう」だし～
そ、
そうかな…

どうでしょう。「ふつう」であることと「ちがう」ことは、場合《ばあい》によって、よかったり悪《わる》かったり思《おも》えるようです。ということは、「ふつう」であることと「ちがう」ことは、本《ほん》当《とう》はいいことでも悪《わる》いことでもないのです。めいわくをかけられていないのならば、とうぜん、いやがるりゆうもありませんよね。

それぞれの「ちがう」ところをみとめることができると、もっとすてきな人《ひと》になれるはずです。

きみの耳《みみ》、
いいよね
ほんと!?

なんで男子《だんし》はふざけるの？

男子《だんし》が全員《ぜんいん》そうというわけではないけれど、たしかにいつもふざけている男子《だんし》はいます。これは、動物《どうぶつ》のオスが強《つよ》さを見《み》せるためにたたかうことと同《おな》じで、もっている力《ちから》を見《み》せたくなってしまうからです。ある男子《だんし》たちの行動《こうどう》から、さぐってみましょう。

パワーがみなぎっているから!
わ〜
ギャハハ

この子《こ》たちは何《なに》かをしたい気持《きも》ちや体《たい》力《りょく》がありあまっています。そのパワーを使《つか》うために、思《おも》いっきりふざけているのです。

見《み》て！
100点《てん》！
0を1つたしただけ～

注目《ちゅうもく》されたいから！

変《へん》な顔《かお》をしたり、じょうだんを言《い》ったりするのは、まわりの人《ひと》を笑《わら》わせて、みんなの気《き》を引《ひ》きたいという気持《きも》ちがあります。

見《み》て見《み》て～
変顔《へんがお》～

強《つよ》さを見《み》せたいから！

自分《じぶん》の持《も》っている力《ちから》を出《だ》して、まわりの人《ひと》に見《み》てほしい、という気持《きも》ちがあるようです。少《すこ》しむりをしてしまうときもあるかもしれません。

すげーだろ！
プルプル
やめようよ…
あははー

ほかのやりかたがわからないから！

どのように人《ひと》と接《せっ》すればいいかわからないとき、ついふざけてしまうことがあります。もしかしたら、その子《こ》のことが気《き》になるのかも？

だれかさんのマネ～

もちろんそうじゃない男子《だんし》もいます。

なんで女子《じょし》はおしゃべりが好《す》きなの？

女子《じょし》が全員《ぜんいん》そうというわけではないけれど、たしかにいつも集《あつ》まっておしゃべりをしている女子《じょし》はいます。これは動物《どうぶつ》のメスと同《おな》じで、オスより力《ちから》が弱《よわ》いために「むれ」をつくって安心感《あんしんかん》を得《え》ているのです。ある女子《じょし》の行動《こうどう》から、なぜおしゃべりをしているのか、ほかにもさぐってみましょう。

集《あつ》まって安心《あんしん》したいから!

集《あつ》まっておしゃべりすると、「仲間《なかま》といる」という気持《きも》ちが強《つよ》くなり、安心《あんしん》できます。場《ば》の空気《くうき》がにぎやかになり、さみしくありません。

仲間《なかま》をつくりたいから！

おしゃべりをすることで、気《き》の合《あ》う仲間《なかま》をさがしています。人数《にんずう》がふえると、グループの力《ちから》も強《つよ》くなります。

ヤマアラシくん
かっこいいよねー！
かっこいいよねー！
わかる…

わかりあいたいから！

自分《じぶん》の気持《きも》ちをわかってもらい、ほかの人《ひと》も同《おな》じ気持《きも》ちだったら、うれしくなります。気持《きも》ちをつたえあうために、おしゃべりしています。

よく見《み》られたいから！

たくさんおしゃべりをして、注目《ちゅうもく》されたいのかもしれません。いろいろなことを知《し》っている人《ひと》は、むれの中心《ちゅうしん》にいます。

あそこのお店《みせ》は
パウンドケーキが
おいしいのよ！
へぇー！
すごい！

今《いま》、この場所《ばしょ》にいたいから！

みんなといっしょにいるこの時間《じかん》を大切《たいせつ》にしています。この場所《ばしょ》にいるりゆうがほしくて、おしゃべりしている人《ひと》もいるかもしれません。

もちろんそうじゃない女子《じょし》もいます。

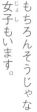

なんで男子《だんし》と女子《じょし》に分《わ》かれていろいろやるの？

学校《がっこう》で男《おとこ》の子《こ》は「男子《だんし》」、女《おんな》の子《こ》は「女子《じょし》」とよばれ、分《わ》けて考《かんが》えられることがよくあります。どうしてでしょうか。男子《だんし》と女子《じょし》のぎもんを集《あつ》めてみました。

Q1 身体測定《しんたいそくてい》やほけんの授業《じゅぎょう》がべつべつになるのはなぜ？

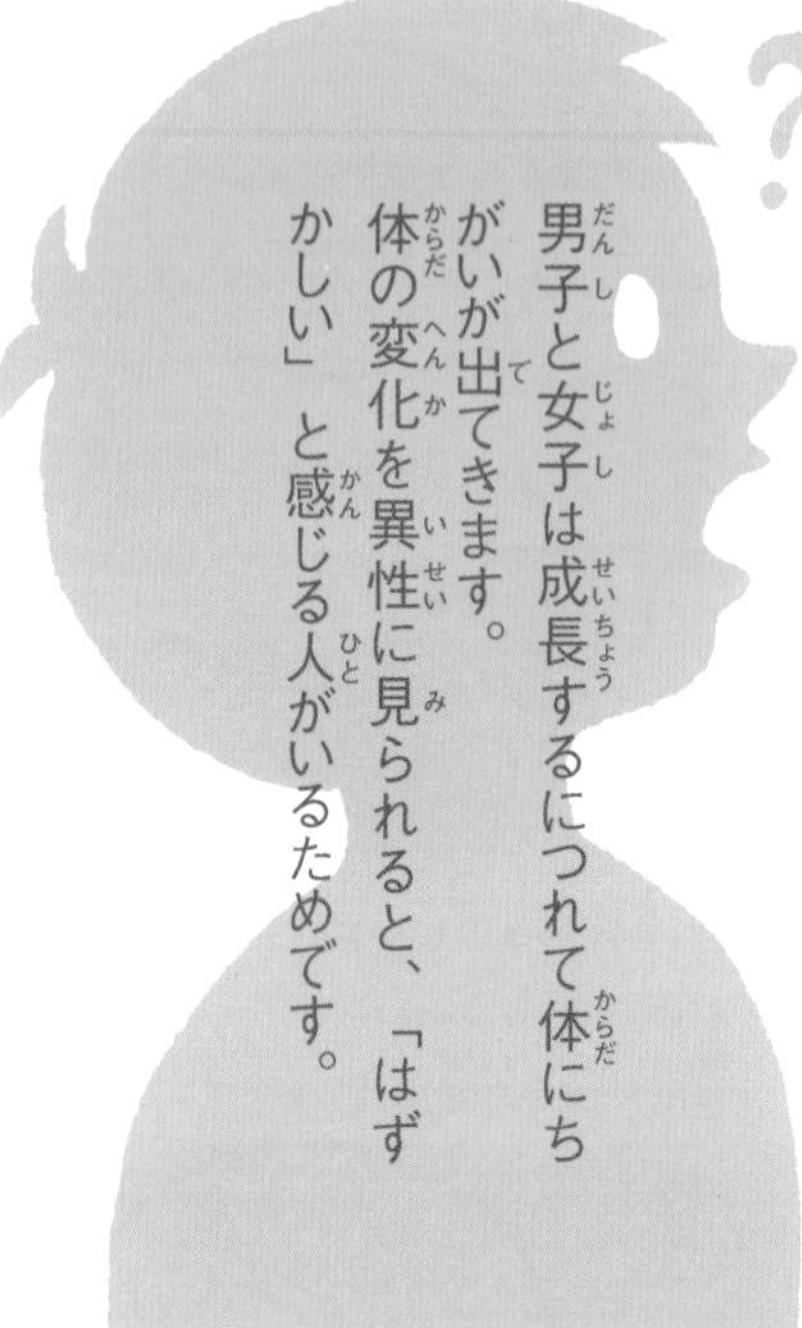

男子《だんし》と女子《じょし》は成長《せいちょう》するにつれて体《からだ》にちがいが出《で》てきます。体《からだ》の変化《へんか》を異性《いせい》に見《み》られると、「はずかしい」と感《かん》じる人《ひと》がいるためです。

Q2 なんで男子校《だんしこう》と女子校《じょしこう》があるの？

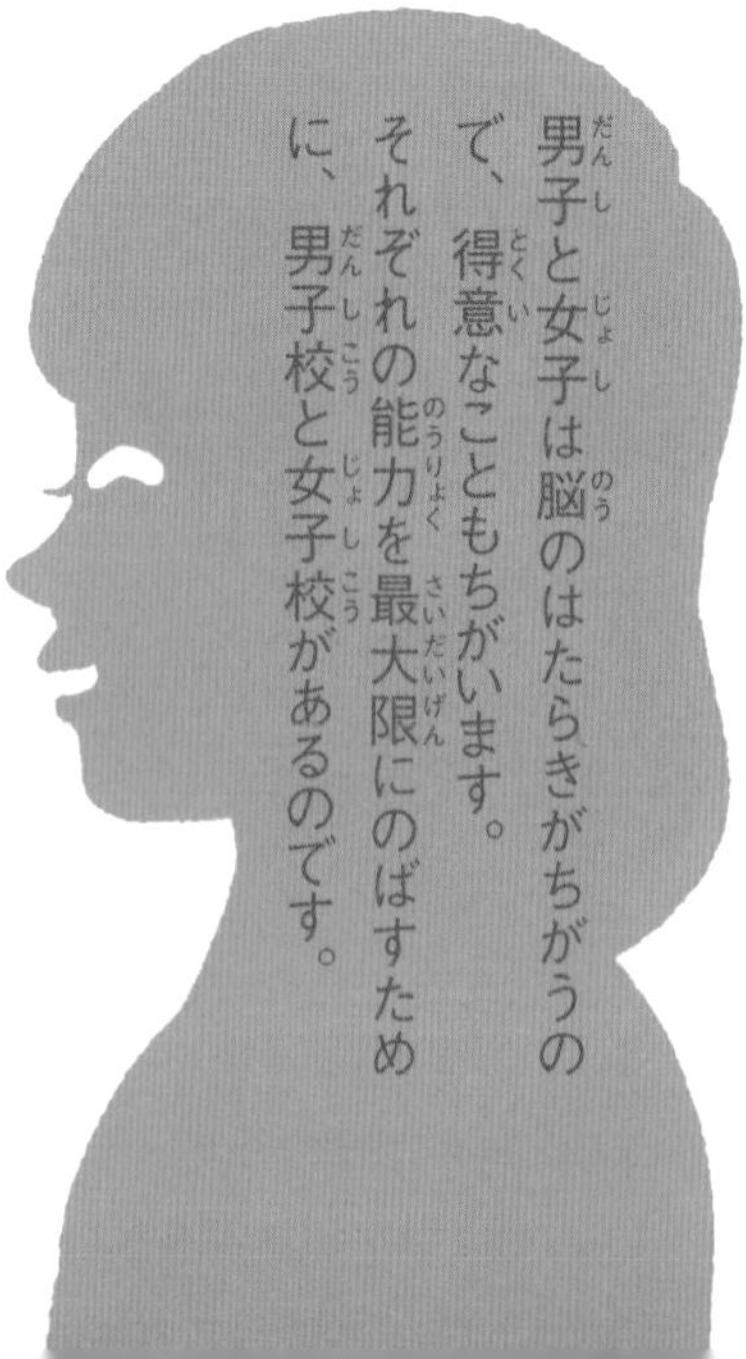

男子《だんし》と女子《じょし》は脳《のう》のはたらきがちがうので、得意《とくい》なこともちがいます。それぞれの能力《のうりょく》を最大限《さいだいげん》にのばすために、男子校《だんしこう》と女子校《じょしこう》があるのです。

Q3 なんか女子《じょし》って特別《とくべつ》あつかいされてない？

男子《だんし》は女子《じょし》よりも、力《ちから》や体力《たいりょく》がある場《ば》合《あい》が多《おお》いです。そのため大人《おとな》は、力《ちから》が弱《よわ》い女子《じょし》を少《すこ》しでも安心《あんしん》させるために、気《き》づかっているのです。

Q4 そもそも男《おとこ》と女《おんな》で分《わ》けるのはなぜ？

生物《せいぶつ》としてのちがいや、昔《むかし》から日本《にほん》にあった男子《だんし》と女子《じょし》のそれぞれのイメージから男女《だんじょ》を分《わ》けて考《かんが》えることはあたりまえでした。また、男女《だんじょ》で行動《こうどう》パターンや性格《せいかく》は変《か》わると考《かんが》える人《ひと》もいます。

でも最近《さいきん》は、「男子《だんし》」と「女子《じょし》」を分《わ》けた考《かんが》え方《かた》は変《か》わりつつあります。性別《せいべつ》で人《ひと》を見《み》るのではなく、ひとりひとりの個性《こせい》を大切《たいせつ》にする、という新《あたら》しい考《かんが》え方《かた》が広《ひろ》まっているのです。

学校《がっこう》で遊《あそ》ぶやくそくをしたのに、家《いえ》に行《い》ったら遊《あそ》べなかった。なんで？

やくそくしたのに遊《あそ》べなかったらかなしいですね。でも、友《とも》だちの家《いえ》には、学校《がっこう》とも自分《じぶん》の家《いえ》ともちがうルールがあるのです。学校《がっこう》ではクラスのみんなと同《おな》じ時間《じかん》に同《おな》じことをするので気《き》がつかないかもしれません。でも、おうちの人《ひと》の仕事《しごと》や、家《いえ》にくらしている人数《にんずう》など、さまざまなりゆうで、それぞれの家《いえ》のルールはちがいます。

あーそぼー
だめ。うちで遊《あそ》ぶならひとりだけね！
ごめんねー
え〜〜〜〜〜!?

りゆう ①

小《ちい》さい子《こ》がいる

友《とも》だちのなかには、小《ちい》さい弟《おとうと》や妹《いもうと》がいる家《いえ》もあるでしょう。小《ちい》さい子《こ》どもがいると、ミルクを用意《ようい》したり、ねかしつけたり…やることがたくさんなので、大人数《おおにんずう》で遊《あそ》びに来《こ》られるとこまるのです。

りゆう ②

おうちの人《ひと》が休《やす》んでいる

おうちの人《ひと》のなかには、夜《よる》に仕事《しごと》をしている人《ひと》もいます。そういう人《ひと》は昼《ひる》に休《やす》んでいることがあります。うるさくして起《お》こされたらこまりますね。

あたりまえは家《いえ》によってちがう

ほかにも「おうちがよごれるからいや」「知《し》らない人《ひと》を家《いえ》に入《い》れたくない」「用事《ようじ》がある」など、いろいろなりゆうが考《かんが》えられます。学校《がっこう》でやくそくしたときでも、それぞれの家《いえ》のルールをかくにんして、友《とも》だちをこまらせないよう気《き》をつけましょう。

やってみよう

ファミリールールをつくろう!

家族《かぞく》のあいだでルールを決《き》めておけば、自分《じぶん》が何《なに》をしたら家族《かぞく》が助《たす》かって、何《なに》をしたらこまらせてしまうのかがわかりやすくなります。どんなルールをつくればいいか、家族《かぞく》と考《かんが》える時間《じかん》をつくりましょう。

① 考《かんが》えて話《はな》し合《あ》う

自分《じぶん》の家《いえ》では、何時《なんじ》に何《なに》をするのか、一度《いちど》かくにんしましょう。自分《じぶん》がいつ何《なに》をすればいいのかがわかってきます。

うちは19時《じ》に
夕食《ゆうしょく》だから、
その前《まえ》にお手《て》つだいを
してほしいな
じゃあ、
遊《あそ》べるのは
18時《じ》までか…

② 決《き》める

自分《じぶん》がすることがわかったら、次《つぎ》はリストを作《つく》ります。紙《かみ》に書《か》いてまとめると、家族《かぞく》のみんなにもすっきりわかりやすくなります。

ルールリスト

1 朝食《ちょうしょく》7時《じ》、夕食《ゆうしょく》19時《じ》
（15分前《ふんまえ》からお手《て》つだい）

2 そうじ担当《たんとう》
たかし→トイレ、おふろ
父《ちち》→リビング、かいだん、
洗面所《せんめんじょ》　母《はは》→台所《だいどころ》、洗《せん》たく

3 洗《せん》たくものは22時《じ》までに出《だ》す。6時《じ》にほす。

4 自分《じぶん》の部屋《へや》、くつは自分《じぶん》できれいにする。

5 できないときは、だれかにたのむ。かわりにお願《ねが》いを何《なに》かひとつ聞《き》く。

③ やってみる

まとめたリストを守《まも》って生活《せいかつ》します。家族《かぞく》みんなが見《み》えるところにはって、やるべきことを話《はな》し合《あ》えるようにしましょう。

友《とも》だちとけんかしちゃった……

友《とも》だちとけんかをしてしまったら、どうすればいいでしょうか。すなおにあやまることができればいいのですが、「ごめんなさい」ということばをただ口《くち》に出《だ》すだけでは意《い》味《み》がありません。

けんかをしたあとには、自《じ》分《ぶん》がどうしたいかを自《じ》分《ぶん》の気《き》持《も》ちに聞《き》いてみて、なっとくできる答《こた》えを出《だ》すのがおすすめです。

おまえなんかキライだ！
こっちこそ！
けんかした…どうしよう…

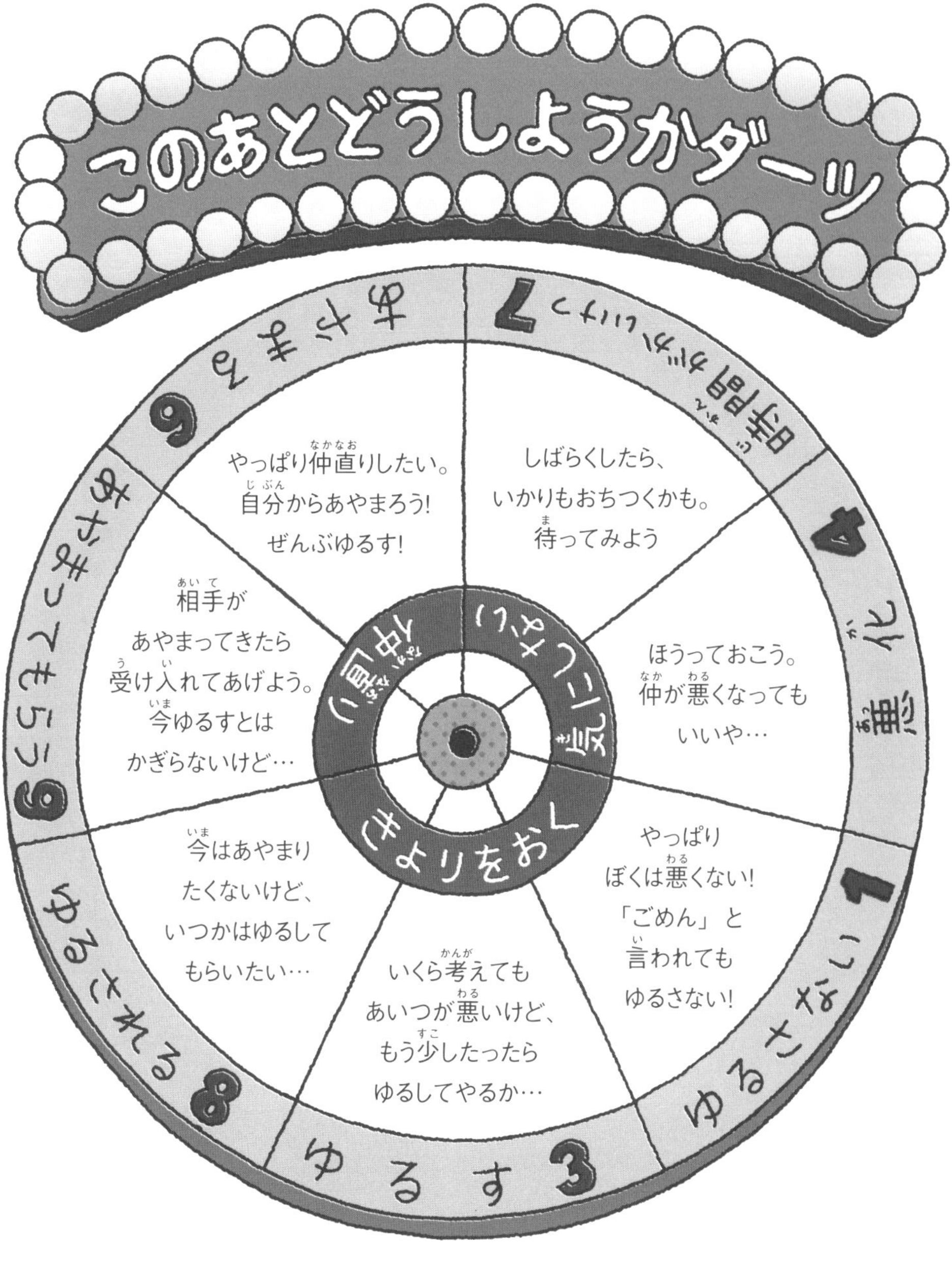

けんかのあとに「おまえなんかキライだ」と言《い》ってしまうと、自分《じぶん》がただの悪《わる》いやつになってしまいます。ゆるせないときは、その子《こ》ときょりをおきましょう。しばらくたって、また仲《なか》よくなりたいと思《おも》ったら、近《ちか》づいてもいいと思《おも》います。また、「相手《あいて》はどうしてほしかったのかな?」と考《かんが》えてみるのもひとつの手《て》です。

なんでいじわるしてくるの？

もしかしたら、その子《こ》はほかに楽《たの》しいことがなくて、ひまなのかもしれません。遊《あそ》ぶかわりに、いじわるするのが楽《たの》しくなっている、ということが考《かんが》えられます。

または、その子《こ》は心《こころ》のよゆうがないのかもしれません。自分《じぶん》に自信《じしん》がなかったり、自分《じぶん》が安心《あんしん》できていなかったりすると、何《なに》かしげきてきなことをして、みたされない自分《じぶん》の気《き》持《も》ちをはきだしたいのだとも考《かんが》えられます。

あいつ…
頭《あたま》はいいけど、
なんか暗《くら》くない？
まーなー…
ギュ…

レベル①

悪口《わるぐち》

自分《じぶん》よりすぐれた部分《ぶぶん》をもっている人《ひと》にたいして、くやしい気持《きも》ちが大《おお》きくなりすぎると、悪口《わるぐち》を言《い》ってしまう人《ひと》がいます。このような感情《かんじょう》を「しっと」といいます。ほかにも、よくも悪《わる》くも目立《めだ》つ人《ひと》が気《き》にくわないという人《ひと》もいます。

いつも
3人《にん》で
いたのに…

レベル②

仲間《なかま》はずれ

友《とも》だちでもいやだなと感《かん》じる部分《ぶぶん》はあります。それを直《なお》してもらうために本人《ほんにん》に直《ちょく》せつつたえるのでなく、いやがらせをするためにその子以外《こいがい》の仲間《なかま》で協力《きょうりょく》すると、「仲間《なかま》はずれ」になります。その子《こ》を追《お》い出《だ》すことで、ほかの仲間《なかま》とのきずなを深《ふか》めたいのかもしれません。でも、いやなきずなですね。

レベル③

たたく・かくす・きずつける

いじわるをつづけると、そのうち「これは悪《わる》いことだ」と思《おも》う感覚《かんかく》がはたらかなくなります。すると、いじわるもどんどんひどくなって、相手《あいて》をもっときずつけてしまう人《ひと》がいます。しげきの強《つよ》いことをして、自分《じぶん》が注目《ちゅうもく》されたいと思《おも》う人《ひと》もいるようです。

いじわるされたら、どうすればいいの?

ゆうきを出《だ》して「いじわるをやめてくれない?」と相手《あいて》に言《い》えればいいのですが、むずかしいですよね。なので、まずは友《とも》だちやおうちの人《ひと》や先生《せんせい》など、ほかの人《ひと》に話《はなし》を聞《き》いてもらって、自分《じぶん》の味方《みかた》をつくりましょう。気持《きも》ちを楽《らく》にするためには、関係《かんけい》のないおしゃべりをする、運動《うんどう》をする、本《ほん》を読《よ》んで自分《じぶん》の気持《きも》ちを整理《せいり》するという方法《ほうほう》もあります。

「いじめ」と「いじり」はどうちがうの？

「何《なに》かをされた相手《あいて》がいやだと思《おも》ったら、「いじめ」と考《かんが》える人《ひと》は多《おお》いようです。でも、いやでもなかなか「いやだ」とはっきり言《い》えないものですよね。

いっぽう「いじり」とは、おもしろがらせようとして、相手《あいて》にちょっとしげきてきなことを言《い》うことです。ただ、心《こころ》の中《なか》は見《み》えないので、いじめといじりのちがいはむずかしいのです。でもひとつ、わかりやすいちがいがあります。

おまえ、
あほだなー！
これは…
いじり
え？
へへへ
あはは〜
いじられ
ちゃった

どうですか? いじられた友《とも》だちが笑《わら》っていたとしても、本当《ほんとう》はいやだと感《かん》じているかもしれません。１回《かい》だけのいじりなら、「まあいいか」と思《おも》うかもしれませんが、いやがりそうなことを何度《なんど》もしつこくするのは「いじめ」です。みんなのまわりでもこんなことがないか、ぜひ考《かんが》えてみてください。

ゆるせるレベルは人《ひと》それぞれ

強《つよ》いことばを言《い》ったり、つっこんだことをしたりしたとき、もしかしたら仲良《なかよ》くなれるかもしれませんが、その人《ひと》のタイプや関係《かんけい》によってはうまくいかないこともあります。

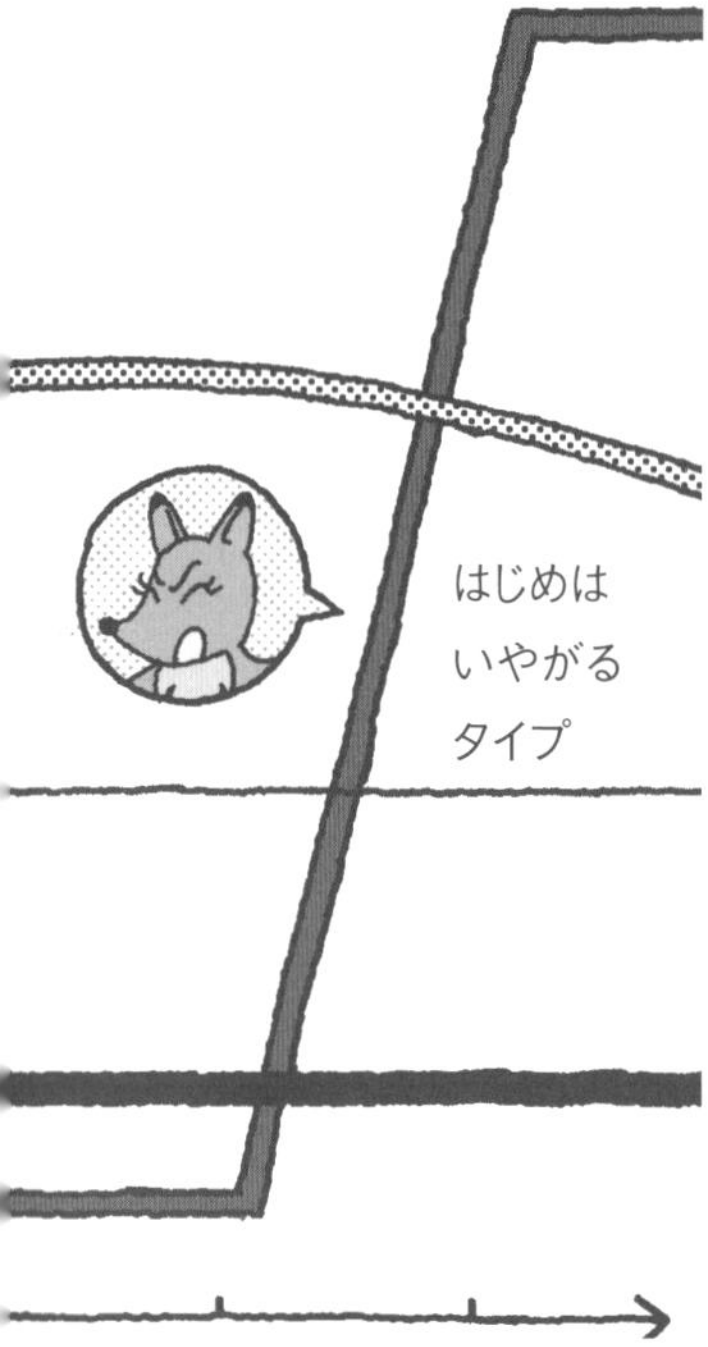
はじめは
いやがる
タイプ

がまん曲線《きょくせん》を作《つく》ってみよう!

いやなことをされたとき、どのようにがまんするのかグラフにしてみましょう。
よこの矢印《やじるし》は、「いやなことをされた時間《じかん》」 たての矢印《やじるし》は「がまんできる強《つよ》さ」をあらわします。

たとえばこんなタイプの人《ひと》がいます

うーん…

けっこう平気《へいき》なタイプ

何回《なんかい》かはいやがりますが、 そのうち 「まあいっか」 と思《おも》えてきます。 ただし、やりすぎは注意《ちゅうい》。

はじめはいやがるタイプ

はじめはすごくいやがりますが、なれてきたら強《つよ》い言葉《ことば》も受《う》け入《い》れられます。

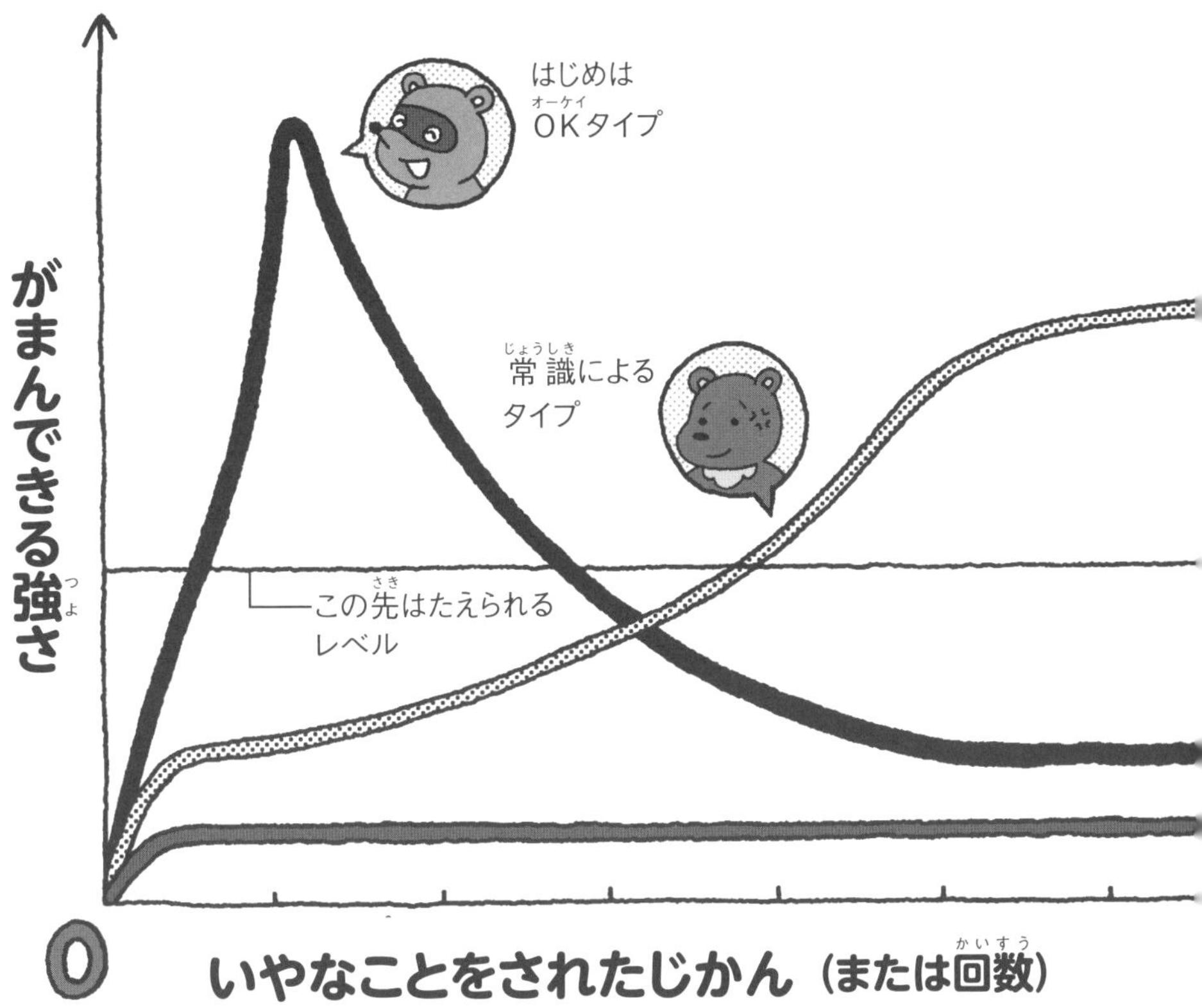
はじめは
OK《オーケイ》タイプ
常識《じょうしき》による
タイプ
がまんできる強《つよ》さ
この先《さき》はたえられる
レベル
0
いやなことをされたじかん（または回数《かいすう》）

やってみよう

ここでは3つのタイプをあげましたが、みんながこれにあてはまるわけではありません。自分《じぶん》のがまん曲線《きょくせん》を書《か》いて、家族《かぞく》や友《とも》だちとくらべてみましょう。

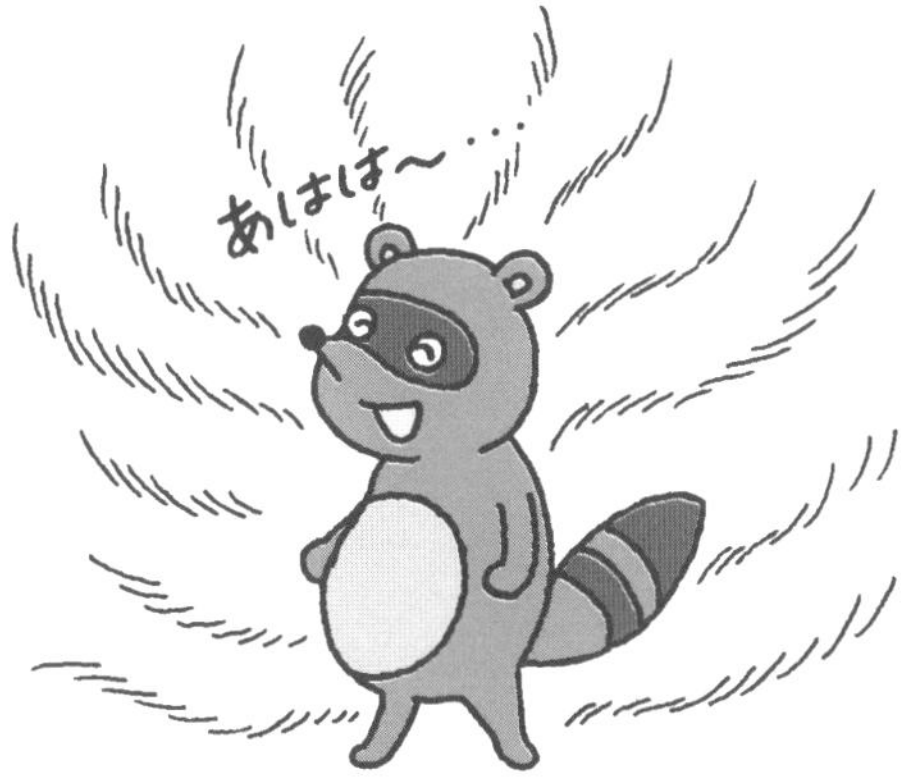
あはは〜・・・

はじめはOK《オーケイ》タイプ

1〜2回《かい》くらいなら強《つよ》いことを言《い》われても平気《へいき》で、おもしろがってくれます。でも何度《なんど》もつづけると、おこります。

いつもひとりでいる子《こ》って、さみしくないの？

クラスで、ひとりでいる子《こ》は、なんだかさみしそうに見《み》えるかもしれません。
でもじっさいは、どうやらいろいろりゆうがあるようです。

ワタクシが
大《おお》きな耳《みみ》で
聞《き》いてきます！

レポーター
ゾウ館一郎《たちいちろう》

ひとりが好《す》き

ひとりだと
だれにも
気《き》をつかわなくて
いいから楽《らく》なんだ
さみしくは
ないのですね！

べつに……

気《き》にしたこと
なかったワ
友《とも》だちは
いるわよ？
りゆうなど
ないのですね！

ひとりになりたいときもある

いつもは
れいこちゃんと
いっしょなんですが
たまにはひとりに
なりたくて
読《よ》みたい
本《ほん》もあるし…
なるほど
いつもひとりな
わけではないの
ですね

本当《ほんとう》はひとりはイヤ

じつは
いやなんです
でも、平気《へいき》なふりを
しています
そっかぁ…

え？ ひとりじゃないし

そっと
しておいて…
本《ほん》の中《なか》の
キャラと
お話《はな》しするのが
好《す》きなの
ほう！
すてき
ですね！

まとめだぞう!! NEWS《ニュース》

ひとりでいる子《こ》には、好《す》きでひとりでいる場合《ばあい》と、本当《ほんとう》はいやだけどひとりでいる場合《ばあい》があるようです。クラスにはいろいろな人《ひと》がいるので、ひとりでいる人《ひと》を「さみしそう」「ひとりだとつまらなそう」と決《き》めつけないほうがよさそうですね…。

もしいつもひとりでいるけれど本当《ほんとう》はひとりがいやだという人《ひと》がいたら、ゆうきをもって話《はな》しかけてみるといいでしょう！

転校生《てんこうせい》って、どんな気持《きも》ち？

クラスに転校生《てんこうせい》がやってきた。なんだかドキドキしますよね。

でも転校生本人《てんこうせいほんにん》は、もっとドキドキしています。

はじめての学校《がっこう》に、はじめて会《あ》うクラスメート……。きっと、想像《そうぞう》もできない不安《ふあん》をかかえているはずです。相手《あいて》を知《し》ろうとする気《き》持《も》ちを大切《たいせつ》に、やさしく話《はな》しかけてみてください。

○月×日（
タオ
転校生《てんこうせい》の
タオくん
です
タオです。
よろしく
おねがいします
キリッと
していて
かっこいいわ…
サッカー
できるかな…
どんな子《こ》
なんだろう…

最近《さいきん》では外国人《がいこくじん》の転校生《てんこうせい》もめずらしくありません。同《おな》じ日本人《にほんじん》であっても、育《そだ》ってきたかんきょうがちがえば、いろいろちがってあたりまえ。おどろくことがあっても、いやがったりせず、「そうなんだ」「そんな考《かんが》えもあるのね」と、新《あたら》しい発見《はっけん》としてちがいを受《う》け入《い》れられるようにしたいですね。

みんなの意見《いけん》をひとつにするにはどうすればいい？

人《ひと》の考《かんが》えはそれぞれちがうので、みんな同《おな》じ意見《いけん》にすることはできません。いいと思《おも》う意見《いけん》に手《て》をあげて人数《にんずう》の多《おお》いほうの意見《いけん》に決《き》める、「多数決《たすうけつ》」という方法《ほうほう》もあります。でもこれだと、人数《にんずう》の少《すく》ない意見《いけん》の人《ひと》はなっとくできないことがあります。

そこで今《いま》、考《かんが》えられるいちばんよい方法《ほうほう》は、「ちがう意見《いけん》があっても、みんながなっとくできるまでとことん話《はな》し合《あ》うこと」です。

給食《きゅうしょく》は残《のこ》さず食《た》べなきゃダメ？
そりゃそうだ
7名《めい》
VS
そんなこと
ない！
3名《めい》

とことん話《はな》し合《あ》うしかない!

これならゆるせるな、というひとつの答《こた》えをさがしだす。これがいちばん平和《へいわ》な意見《いけん》のまとめ方《かた》です。

みんなの結論《けつろん》

給食《きゅうしょく》はなるべく残《のこ》さず食《た》べる!
残《のこ》すのは1品《ぴん》まで。ふたくち分《ぶん》はがんばって食《た》べる!
(アレルギーの子《こ》はべつね)

これでバッチリ!

自《じ》由《ゆう》研《けん》究《きゅう》のススメ③

あらそいをなくす方法《ほうほう》を考《かんが》えよう!

人《ひと》どうしのあらそいは、意見《いけん》のちがいをおたがいがみとめられないことで、起《お》こります。そこで、あらそいをなくすにはどうすればいいか、考《かんが》えてみましょう。

ようい するもの

ノート、えんぴつ、画用紙《がようし》、色《いろ》ペンなど

1 あらそいについてしらべる

友《とも》だち、学校《がっこう》、家《いえ》、テレビ、インターネットの中《なか》などから、どんなあらそいがあるか、しらべます。身近《みぢか》な人《ひと》のことを思《おも》いうかべてみましょう。

2 あらそいのりゆうと、解決方法《かいけつほうほう》を考《かんが》える

もしふたりが言《い》いあらそいをしていたら、それぞれのりゆうを分《わ》けて書《か》きましょう。そして、どうしたらふたりがなっとくするか、考《かんが》えてみましょう。

お姉《ねえ》ちゃんVS.お母《かあ》さん

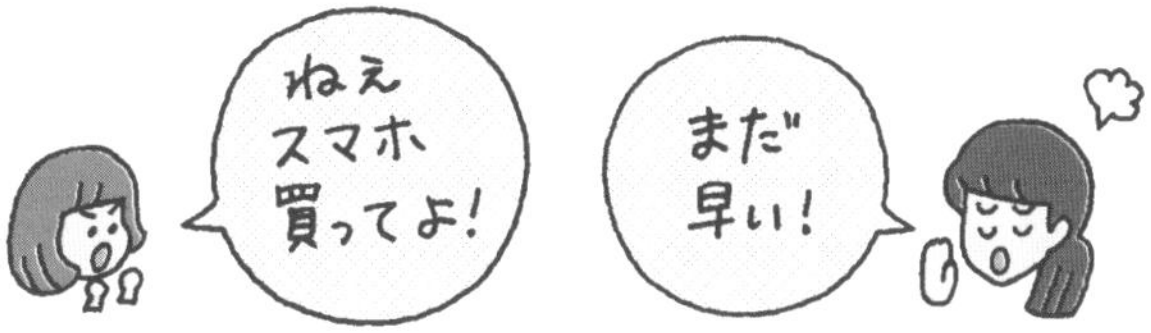

スマホを買《か》ってほしいお姉《ねえ》ちゃんと、「まだ早《はや》い」というお母《かあ》さん。言《い》いあらそいがずっとつづいて、おたがいイライラしてしまっている。

お姉《ねえ》ちゃんのりゆう

・キッズケータイじゃ友《とも》だちとれんらくがとれない
・話《はなし》についていけなくてつらい
・クラスで持《も》ってない子《こ》はすごく少《すく》ない

お母《かあ》さんのりゆう

・スマホは高《たか》い
・勉強《べんきょう》をしなくなるのではないか
・よそはよそ、うちはうち。買《か》うのはまだ早《はや》い

解決方法《かいけつほうほう》

① いつ買《か》うか決《き》めていないから、言《い》い合《あ》いがつづいている。早《はや》く決《き》めたらいい!

② スマホは高《たか》いというなら、お手《て》つだいをしたおこづかいで買《か》えばいい!

3 紙《かみ》しばいをつくって、プレゼンをしよう

1枚目《まいめ》の画用紙《がようし》にテーマ、2枚《まい》目《め》にかたほうのりゆう、3枚目《まいめ》にもうかたほうのりゆう、4枚目《まいめ》になぜあらそいになるのか、5枚目《まいめ》に解決方法《かいけつほうほう》を書《か》きます。解決方法《かいけつほうほう》がほかにもあれば、6枚目《まいめ》、7枚《まい》目《め》と1つずつ書《か》きます。絵《え》もかくと、見《み》ごたえのある紙《かみ》しばいになります。さいごの画用紙《がようし》には、あらそいをなくすコツを考《かんが》えて書《か》いてみましょう。

紙《かみ》しばいができたら、発表《はっぴょう》しましょう。

ゴールを決《き》めれば、あらそいはなくせるんじゃないかと思《おも》いました
いつ買うか決める

1枚目《まいめ》の紙《かみ》しばいの説明《せつめい》文《ぶん》は2枚目《まいめ》のうらに、2枚《まい》目《め》の説明文《せつめいぶん》は3枚目《まいめ》のうらに…とひとつずつずらして書《か》きます。

先生《せんせい》のふしぎ

先生《せんせい》って、たいへん？

みんなの前《まえ》に立《た》っているときはたいへんそうに見《み》えないかもしれません。でも、先生《せんせい》は授業《じゅぎょう》だけでなく、さまざまな仕事《しごと》をしています。テストの丸《まる》つけや宿題《しゅくだい》のかくにんなど、分《ふん》きざみのスケジュールで動《うご》いていて、けっこうたいへんです。これはすべて、みんなが安心《あんしん》して勉強《べんきょう》できるようにするためなんです。

8:00
出勤《しゅっきん》
おはようございます！

みんなをむかえるために早《はや》めに学校《がっこう》へ行《い》きます。

8:30
先生《せんせい》とのミーティング
今日《きょう》は3時間目《じかんめ》にくんれんがあります。

1日《にち》の流《なが》れをつたえ、れんらくしなければならないことをかくにんし合《あ》います。

8:45-12:20

授業《じゅぎょう》や宿題《しゅくだい》のかくにん

休《やす》み時間《じかん》や授業《じゅぎょう》のない時間《じかん》に、テストの丸《まる》つけや宿題《しゅくだい》のかくにんなどをします。

13:00-13:20

昼休《ひるやす》み

どうしたの？
元気《げんき》がないな…

生徒《せいと》の様子《ようす》をうかがうことも大切《たいせつ》な仕事《しごと》。相談《そうだん》にのったりもします。

17:00

授業《じゅぎょう》のじゅんび

次《つぎ》の日《ひ》の授業《じゅぎょう》で使《つか》うプリントや、クラスだよりを作《つく》ります。

19:00

そのほかの仕事《しごと》

来週《らいしゅう》の研究会《けんきゅうかい》のレポートを作《つく》るぞ

研究会《けんきゅうかい》の資料《しりょう》作《づく》りやおうちの人《ひと》からのおなやみ相談《そうだん》も、先生《せんせい》の仕事《しごと》のひとつです。

21:00

帰宅《きたく》

そろそろ帰《かえ》ろう…

先生《せんせい》のふしぎ　なぜ？どうして？

毎日《まいにち》会《あ》っている先生《せんせい》ですが、意外《いがい》と知《し》らないことが多《おお》いのではないでしょうか。ふだんちょっと気《き》になっている先生《せんせい》のひみつを、ここで少《すこ》しあばいてみましょう。

なぞ

スーツじゃなくて私服《しふく》を着《き》ている先生《せんせい》がいる…

先生《せんせい》は子《こ》どもを相手《あいて》にする仕事《しごと》。体《からだ》を動《うご》かすことが多《おお》いため、動《うご》きやすい服《ふく》を着《き》ています。仕事《しごと》の相手《あいて》によって、仕事《しごと》の服《ふく》は変《か》わるのです。

スクープ！

子《こ》どもが休《やす》みの日《ひ》もはたらいている!?

みんなが休《やす》みの日《ひ》に、社会科見学《しゃかいかけんがく》の下見《したみ》や勉強会《べんきょうかい》などの仕事《しごと》をしていることもあります。夏休《なつやす》みは1週間《しゅうかん》ほどしかありません。

なぞ

あだ名《な》でよぶとおこられる…

先生《せんせい》は大人《おとな》で、年上《としうえ》の人《ひと》です。年上《としうえ》の人《ひと》には、きちんとしたことばづかいで話《はな》さないといけないというマナーがあります。

スクープ！

休《やす》みの日《ひ》は先生《せんせい》をしていない!?

そうとも、ちがうともいえます。先生《せんせい》も人間《にんげん》なので、心《こころ》も体《からだ》もリフレッシュが必要《ひつよう》です。休《やす》みの日《ひ》はコンサートや演劇《えんげき》をみに行《い》くなど、好《す》きなことをしてのびのびすごしているかもしれません。

スクープ！

先生《せんせい》にもきらいな食《た》べものがある!?

あるかもしれません。でも子《こ》どものお手本《てほん》になるために、あまり好《す》きでないものも食《た》べるようにしています。

みんなの前《まえ》ではがんばってるけど…

スクープ！

先生《せんせい》も親《おや》だった!?

学校《がっこう》では先生《せんせい》でも、家《いえ》に帰《かえ》ればお母《かあ》さんやお父《とう》さん、ということもめずらしくありません。また、夫婦《ふうふ》で同《おな》じ学校《がっこう》につとめることがないように、どちらかが遠《とお》い学校《がっこう》につとめることもあります。

なぞ

プライベートがわからない…

先生《せんせい》のふだんの生活《せいかつ》はなぞめいていて、気《き》になりますよね。先生《せんせい》に聞《き》いてみてもいいですが、仕事《しごと》と関係《かんけい》ないことは聞《き》かれたくない先生《せんせい》もいるので、そのときはがまんしましょう。

先生のふしぎ

先生《せんせい》はなんで話《はなし》がうまいの？

わかりやすく話《はな》すことが先生《せんせい》の仕事《しごと》だからです。授業《じゅぎょう》の内容《ないよう》をみんながしっかりわかるように、練習《れんしゅう》を重《かさ》ねて、うまく話《はな》すぎじゅつを手《て》に入《い》れたのです。どうやってうまく話《はな》せるようになったのか、聞《き》いてみましょう！

はじめはきんちょうして、
話《はな》すのが苦手《にがて》だったんだ…。
でもこれじゃ、みんなに
つたえたいことがつたわらない！
ジュギョウハジメマス…
進化!!
授業《じゅぎょう》を重《かさ》ねるうちに、
どうしたらみんなが楽《たの》しく
授業《じゅぎょう》を受《う》けてくれるか、
わかってきたんだ。
今《いま》じゃぼくもベテランさ！
みんなはアサガオが
何色《なにいろ》の花《はな》か知《し》ってる？

やってみよう

先生《せんせい》から
話《はな》しかたのコツを学《まな》ぼう!

人前《ひとまえ》でたくさん話《はな》すこと！　聞《き》く人《ひと》の顔《かお》を見《み》ながら、大《おお》きな声《こえ》でハキハキと話《はな》します。ほかにもこんなコツがあります。

---

① 話《はな》しかたを工夫《くふう》するべし!

テンポははやすぎず、おそすぎず。
アナウンサーを参考《さんこう》にしましょう。

カブトムシのよう虫《ちゅう》は…
なんと2回《かい》もだっぴします。
2回《かい》ですよ！

大事《だいじ》なことを言《い》う前《まえ》は、間《ま》をあける

聞《き》いてほしいところは、声《こえ》を強《つよ》く!

② とにかく楽《たの》しく話《はな》すべし!

これがどうしてか、
わかる人《ひと》は
いないかな……
はい！ わかる人《ひと》！

会話《かいわ》のように投《な》げかけて、聞《き》き手《て》に意見《いけん》を聞《き》いてみましょう。自分《じぶん》が楽《たの》しそうに話《はな》すと、相手《あいて》も楽《たの》しそうに聞《き》いてくれます。

職員室《しょくいんしつ》には何《なに》があるの？

では職員室《しょくいんしつ》をのぞいてみましょう。

校長室《こうちょうしつ》への入《い》り口《ぐち》

職員室《しょくいんしつ》から直接《ちょくせつ》、校長室《こうちょうしつ》へつながるドアがあります。

応接《おうせつ》セット

お客《きゃく》さんが来《き》たときに案内《あんない》するところです。いすがふわふわです。

コピー機《き》

授業《じゅぎょう》で使《つか》うプリントや、学校《がっこう》だよりはここで印刷《いんさつ》されて、みんなにくばられます。

おいしい おべんとう
500
0月0日(月) 8:30～ 全体集会
日直 山田
みなさんで どうぞ
マンガ 10
ぼっしゅう箱《ばこ》

ぼっしゅう箱《ばこ》

持《も》ってきてはいけないものはこの中《なか》に入《い》れられます。最《さい》近《きん》はない学校《がっこう》もあるかも。

日直《にっちょく》の名前《なまえ》

先生《せんせい》にも日直《にっちょく》の当番《とうばん》があります。かぎを管理《かんり》したり、とじまりをしたり、学校《がっこう》によって役《やく》わりはちがいます。

おかしやコーヒーマシン

先生《せんせい》は長《なが》い時間《じかん》はたらくので、おなかがすいたときのために食《た》べるおかしがあります。ねむくならないために飲《の》むお茶《ちゃ》やコーヒーの機械《きかい》があることも。

電話《でんわ》

つくえの上《うえ》の電話《でんわ》には、お休《やす》みのれんらくや、おうちの人《ひと》や地《ち》いきの人《ひと》からの相《そう》だんなどがたくさん来《き》ます。

山《やま》づみの書《しょ》るい

ほごしゃ会《かい》の出席表《しゅっせきひょう》や、クラスでくばるプリントが山《やま》づみになっています。

先生のふしぎ

成績《せいせき》はどうやってつけているの？

学期《がっき》のおわりに受《う》け取《と》る成績表《せいせきひょう》は、テストの点数《てんすう》だけでなく、いろんな面《めん》で先生《せんせい》が評価《ひょうか》をして、点数《てんすう》をつけています。生活《せいかつ》の様子《ようす》や授業《じゅぎょう》のたいどなど、先生《せんせい》はいつもみんなのことを見《み》ています。苦手《にがて》な教科《きょうか》があっても、がんばろうとするすがたを見《み》ていてくれるので、心配《しんぱい》はいりません。次《つぎ》の学期《がっき》でもがんばれるようなことばを書《か》いてくれるはずです。

テストの点数《てんすう》やノートは？

授業《じゅぎょう》で学《まな》んだことをしっかりとわかっているか、テストの点数《てんすう》やノートの書《か》きかたではんだんします。

ティーチャーズアイ!
おやおや…
ピ〜〜〜〜
ピ〜〜〜〜
ZZZZ

授業《じゅぎょう》に集中《しゅうちゅう》しているか?

授業中《じゅぎょうちゅう》、いねむりや落書《らくが》きなど、勉強《べんきょう》以外《いがい》のことをしていたら、評価《ひょうか》は悪《わる》くなります。

宿題《しゅくだい》の内容《ないよう》は?

授業《じゅぎょう》以外《いがい》の勉強《べんきょう》にきちんと取《と》り組《く》んでいるかを見《み》ます。宿題《しゅくだい》をわすれずにぜんぶ出《だ》すことも大切《たいせつ》です。

けいさんプリント
かんじプリント
ふむふむ…

ピ〜〜〜〜
はい!
おっ、いい発言《はつげん》だ…

発表《はっぴょう》しているか?

手《て》をあげて発表《はっぴょう》するなど、自分《じぶん》から進《すす》んで授業《じゅぎょう》に参加《さんか》しているかを、先生《せんせい》は見《み》ています。

やってみよう

自分《じぶん》に成績《せいせき》をつけてみよう!

成績表《せいせきひょう》をもらう前《まえ》に、自分《じぶん》の成績《せいせき》を予《よ》想《そう》してみましょう。がんばったことや、これからがんばらなければいけないことをふり返《かえ》ってみましょう。

5…よくがんばった!
4…まあまあがんばった!
3…もうちょっとがんばれた!
2…がんばりがたりなかった
1…問題《もんだい》がありそうだ

教科《きょうか》によって、先生《せんせい》がかわるのはなぜ？

小学校《しょうがっこう》では、担任《たんにん》の先生《せんせい》がクラスの授業《じゅぎょう》をすることが多《おお》いですが、学校《がっこう》にはいろいろな先生《せんせい》がいますよね。なかには、絵《え》をかくことやピアノをひくことが得意《とくい》ではない先生《せんせい》もいます。だからそのような専門的《せんもんてき》な授業《じゅぎょう》では、その分野《ぶんや》が得意《とくい》な先生《せんせい》が代《か》わりに授業《じゅぎょう》をしています。ほかにも先生《せんせい》がかわるりゆうはいろいろあるみたいです。

Study English!
今《いま》のうちに丸《まる》つけだ！
いそげ！

クラスのみんなが専門《せんもん》の先生《せんせい》の授業《じゅぎょう》を受《う》けているとき、担任《たんにん》の先生《せんせい》はテストの採点《さいてん》や授業《じゅぎょう》のじゅんびなど、べつの仕事《しごと》をすることができます。

男《おとこ》の先生《せんせい》、はじめて!
かっこいい!
科学《かがく》が
みらいを
つくるんだ!

よりくわしい知《ち》しきを持《も》っている先生《せんせい》からは、ふだんは聞《き》けない、おもしろい話《はなし》を聞《き》くことができます。さまざまなタイプの先生《せんせい》とかかわることで、いろいろな大人《おとな》と話《はな》す練習《れんしゅう》になります。

となりの小学校《しょうがっこう》でも
教《おし》えていますよ

校内《こうない》で交代《こうたい》に
クラスを受《う》けもったり、
いくつかの学校《がっこう》をかけもち
したりする先生《せんせい》もいます。

担任《たんにん》以外《いがい》の先生《せんせい》と話《はな》す機会《きかい》をふやしています。担任《たんにん》の先生《せんせい》に相談《そうだん》しにくいことを話《はな》せるかもしれません。

新しい朝
ゆっくりで
いいからね~
書写《しょしゃ》の先生《せんせい》、
やさしいから好《す》き!

先生のふしぎ

クラスがかわるとき、先生《せんせい》もかわるのはどうして？

そのひみつは、校長先生《こうちょうせんせい》がにぎっています。学年《がくねん》のおわりに、校長先生《こうちょうせんせい》は新学期《しんがっき》からどの先生《せんせい》がどのクラスをもつかを決《き》めます。それぞれの先生《せんせい》の性格《せいかく》やクラスでの1年《ねん》の様子《ようす》をかくにんして、すべてのクラスがうまくいくように担任《たんにん》を決《き》めていきます。

人《ひと》が成長《せいちょう》するにはしげきが必要《ひつよう》です。みんながさまざまな先生《せんせい》とかかわって、新《あたら》しいしげきをもらえるように、先生《せんせい》をかえるのです。

さっきの…平気《へいき》だったかい？
6年生《ねんせい》の担任《たんにん》だった先生《せんせい》は子《こ》どものなやみにすぐ気《き》づけるし、高学年《こうがくねん》は得意《とくい》そうだ！次《つぎ》も高学年《こうがくねん》をやってもらおう！

みんなしずかに〜!
ぼくの消《け》しゴムかえせー!
ちょっとだけだよ。
ケチ!

この先生《せんせい》はやさしいから、やんちゃなクラスではうまくいっていなかったみたいだな…。
2年生《ねんせい》の担任《たんにん》にしよう!

3年目《ねんめ》のこの先生《せんせい》にはそろそろ低《てい》学年《がくねん》の担任《たんにん》をしてもらおう!
1年生《ねんせい》だ!

運動会《うんどうかい》
優勝《ゆうしょう》するわよ!
おー!
いえーい!

今度《こんど》ほかの学校《がっこう》から来《く》る先生《せんせい》には3年生《ねんせい》をお願《ねが》いしようかしら…

ほうこくしょ
秘

あのクラスはおとなしい子《こ》が多《おお》いから、熱血《ねっけつ》のあの先生《せんせい》が引《ひ》っぱってくれるといいかもしれないな…

校長《こうちょう》と教頭《きょうとう》は何《なに》がちがうの？

いろいろちがいます。
それぞれのおもな仕事《しごと》と役《やく》わりを見《み》てみましょう。

学校の経営

お金の管理　方針を決める

責任をおう立場

外交担当

保護者対応

人事担当

校長

学校のトップ

小学校《しょうがっこう》の校長《こうちょう》は教員《きょういん》ではなく、学校《がっこう》の経営者《けいえいしゃ》です。だから先生《せんせい》の資格《しかく》がなくても校長《こうちょう》にはなれます。全国《ぜんこく》へ出張《しゅっちょう》してほかの学校《がっこう》を見《み》てまわったり、保護者《ほごしゃ》や教育委員会《きょういくいいんかい》と話《はな》したり、学校《がっこう》をうまく進《すす》めるために力《ちから》をそそいでいます。

学校内を監督

ほかの学校研修を視察

給食の検食

じつは大変 先生たちのリーダー 取りまとめ

イベントのときは

おるすばん

学校を守る

先生どうしの

トラブル対応

先生たちの

はたらきやすさ

を考える

教室《きょうしつ》の

整備

先生たちのリーダー 教頭

じつは、小学校《しょうがっこう》の中《なか》でもっとも仕事《しごと》が多《おお》いのが教頭《きょうとう》です。校長《こうちょう》のサポートをしたり、学校《がっこう》の書《しょ》るいをかくにんしたり、ほかの先生《せんせい》をとりまとめたり、やることがとても多《おお》いのです。学校《がっこう》でいちばんいそがしいといってもいい立場《たちば》でしょう。

スポーツでたとえると、校長《こうちょう》がかんとく、教頭《きょうとう》はキャプテンのようなものです。試験《しけん》に合格《ごうかく》するとなれます。

校長が

決めたことを

実行する

校長の

かわり

助ける

教育委員会《きょういくいいんかい》って何《なに》？

学校《がっこう》で問題《もんだい》があると「教育委員会《きょういくいいんかい》にうったえるぞ」と言《い》う人《ひと》がいますよね。教育委員会《きょういくいいんかい》とは、国《くに》と各学校《かくがっこう》をつなぐ人《ひと》たちです。県《けん》と市《し》にそれぞれ5人《にん》ほどいる先生《せんせい》などの集《あつ》まりで、学校《がっこう》だけでなく、教育《きょういく》や文化《ぶんか》やスポーツなどのさまざまな活動《かつどう》をサポートしています。

1 国会《こっかい》
国会《こっかい》で新予算《しんよさん》が決定《けってい》される
2 文部科学省《もんぶかがくしょう》
こんなかんじでよろしくー
3 都道府県教育委員会《とどうふけんきょういくいいんかい》
県《けん》ではこうしますー
4 市区町村教育委員会《しくちょうそんきょういくいいんかい》
じゃあうちの市《し》では…
各学校《かくがっこう》へ
ではうちの学校《がっこう》ではこうしますか…

教育委員会《きょういくいいんかい》の仕事《しごと》

いちの巻

学校《がっこう》をつくる、へらす

新《あたら》しい学校《がっこう》をつくったり、通《かよ》う子《こ》どもが少《すく》ない学校《がっこう》をなくしたりします。

この学校《がっこう》の
全校生徒《ぜんこうせいと》は
ついに5人《にん》かあ
となりの学校《がっこう》と
くっつけようか！

にの巻

入学《にゅうがく》の手《て》つづき

新《あたら》しく入学《にゅうがく》する子《こ》どもたちに、入学通知《にゅうがくつうち》を送《おく》ります。地区《ちく》の子《こ》どもたちの入学《にゅうがく》をサポートします。

ガーン
子《こ》どもが
入学《にゅうがく》
できない
なんてことが
ないように！

さんの巻

人事《じんじ》

先生《せんせい》たちを次《つぎ》にどの立場《たちば》にするか、今《いま》とべつの学校《がっこう》に行《い》かせるかなどを決定《けってい》します。

やった〜
来年《らいねん》から
校長《こうちょう》ね！

よんの巻

給食《きゅうしょく》や教科書《きょうかしょ》を決《き》める

給食《きゅうしょく》の内容《ないよう》や教科書《きょうかしょ》を決《き》めているのも教育委員会《きょういくいいんかい》です。たくさんの大人《おとな》の会議《かいぎ》で決《き》まります。

闇村教科書《やみむらきょうかしょ》
もいいな
松村図書《まつむらとしょ》はどう？

このほかにも、図書館《としょかん》や公民館《こうみんかん》などを管理《かんり》し、スポーツをさかんにする活動《かつどう》、大人《おとな》が学《まな》ぶ場所《ばしょ》づくりなどもしています。

学校《がっこう》のうらがわを見《み》てみよう！

学校教育《がっこうきょういく》をかかげながらささえるために、うらがわではたくさんの人《ひと》たちががんばっています。

そのひとつが、国《くに》の役所《やくしょ》である文部科学省《もんぶかがくしょう》です。こんな仕事《しごと》をしています。

160さつ
新《あたら》しい教科書《きょうかしょ》が正《ただ》しいか、かくにんだ！
教科書《きょうかしょ》のかくにん
英語《えいご》にもっと力《ちから》を入《い》れよう！
授業《じゅぎょう》の計画《けいかく》を考《かんが》える
教育課程《きょういくかてい》
もっとアートにふれあう機会《きかい》が必要《ひつよう》ですよ！
お金《かね》の使《つか》い方《かた》を決《き》める
先生《せんせい》のお給料《きゅうりょう》ふりわけ
教科書《きょうかしょ》は410億円《おくえん》で…

とってもいそがしそうですね。子《こ》どもが安心《あんしん》して勉強《べんきょう》できるように仕事《しごと》をしている人《ひと》はこのようにたくさんいます。だから、みんなはあたりまえのように学校《がっこう》へ通《かよ》えるのです。

先生のふしぎ

先生《せんせい》が好《す》きになれないんだけど……

先生《せんせい》も、みんなと同《おな》じ人間《にんげん》で、いろいろな人《ひと》がいます。性格《せいかく》もさまざまです。なかにはどうしても好《す》きになれない先生《せんせい》もいるかもしれません。

もし、悪《わる》いことをしていないのにおこられたり、いやなことばを言《い》われたりしたら、もちろんいやですよね。そんなことがあったら、先生《せんせい》だからといって、むりに好《す》きになる必要《ひつよう》はありません。好《す》きになれない友《とも》だちにたいするのといっしょで、仲《なか》よくならずに、きょりをおけばいいんです。

先生《せんせい》の仕事《しごと》はけっこうたいへんです。すべての生徒《せいと》のことを見《み》て、なんでもわかることはなかなかできません。「先生《せんせい》もたいへんなんだな」「よゆうがないときがあるんだな」「今日《きょう》はきげんが悪《わる》いのかも」などと思《おも》うと、いやな気持《きも》ちも少《すこ》しはやわらぐと思《おも》います。小学校《しょうがっこう》は、担任《たんにん》の先生《せんせい》とすごす時間《じかん》がどうしても長《なが》くなりますが、学年《がくねん》が上《あ》がるときに先生《せんせい》もかわるかもしれません。「今《いま》だけがんばろう」と思《おも》ってつきあってみましょう。

どうしても苦手《にがて》なりゆうがある場合《ばあい》は、おうちの人《ひと》やほかの先生《せんせい》、校長先生《こうちょうせんせい》に相談《そうだん》してみてください。

先生のふしぎ

先生《せんせい》ってどうしたらなれるの？

学校《がっこう》の先生《せんせい》になるには、勉強《べんきょう》をたくさんして、「教員免許《きょういんめんきょ》」という先生《せんせい》の資格《しかく》をとり、さらに採用試験《さいようしけん》に受《う》かる必要《ひつよう》があります。

小学校《しょうがっこう》の先生《せんせい》をめざそうと思《おも》ったら、まずは先生《せんせい》の資格《しかく》がとれる大学《だいがく》に入《はい》ります。大学《だいがく》に入《はい》ってからも、大《おお》いそがし！　ふつうの学生《がくせい》よりもたくさんの授業《じゅぎょう》を受《う》けて、音楽《おんがく》や体育《たいいく》や図工《ずこう》の授《じゅ》

子《こ》どもの笑顔《えがお》が好《す》きだ
よし、先生《せんせい》をめざそう！
夢《ゆめ》は先生《せんせい》！
1日《にち》10時間《じかん》
勉強《べんきょう》する
大学《だいがく》に入《はい》るぞ！

業《ぎょう》でもよい点《てん》をとらなければいけません。授業《じゅぎょう》のほかにも、教育《きょういく》についての研究《けんきゅう》をしておおぜいの前《まえ》で発表《はっぴょう》したりします。また大学《だいがく》を卒業《そつぎょう》しても、先生《せんせい》になれるのは、ほんのひとにぎりです。

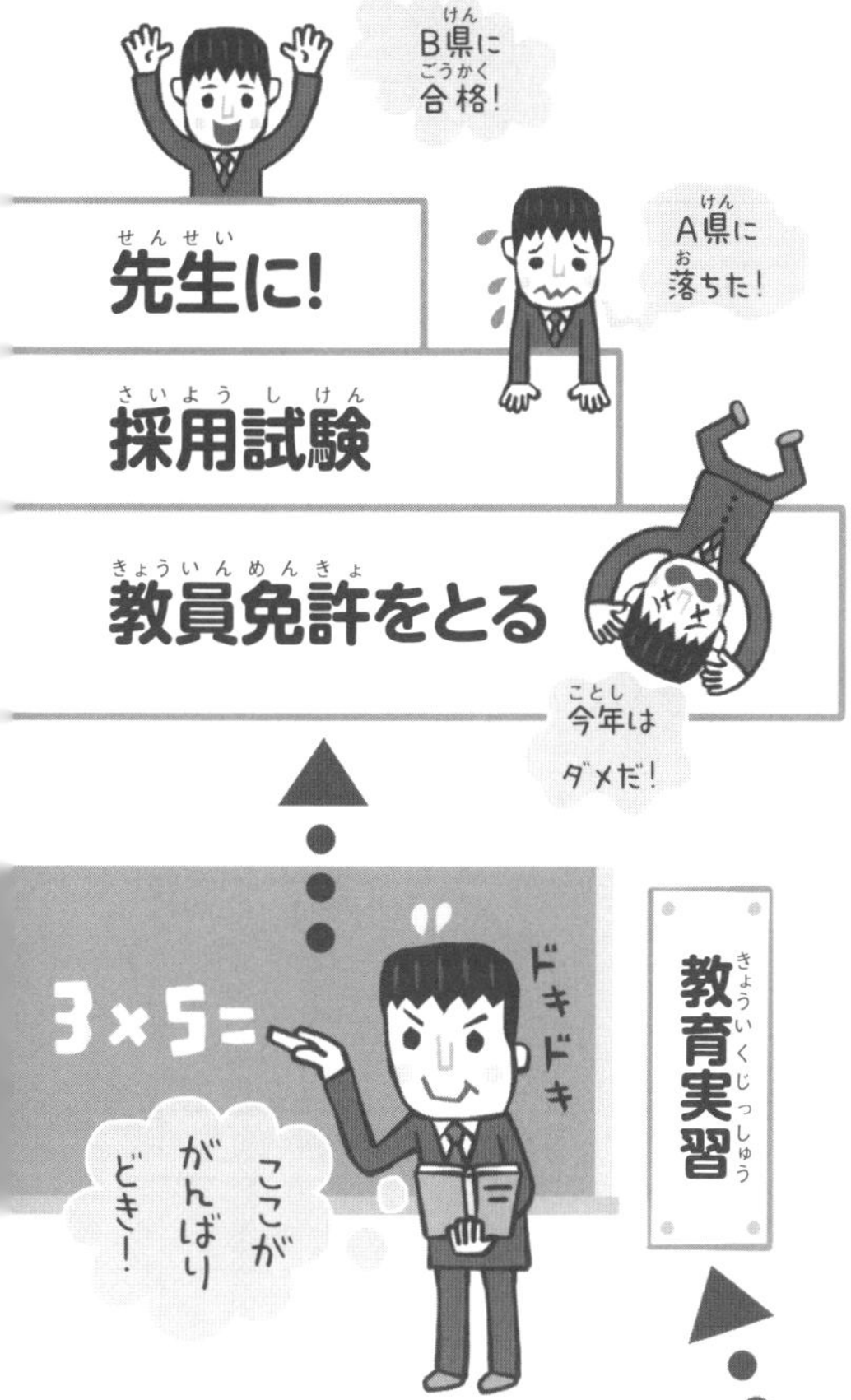
B県《けん》に合格《ごうかく》!
先生《せんせい》に!
A県《けん》に落《お》ちた!
採用試験《さいようしけん》
教員免許《きょういんめんきょ》をとる
今年《ことし》はダメだ!
教育実習《きょういくじっしゅう》
3×5=
ドキドキ
ここががんばりどき!

教育大学《きょういくだいがく》
む、むずかしい
ねむい〜
カタカタカタ
研究結果《けんきゅうけっか》
はい 42%
昨日《きのう》てつ夜《や》でじゅんびしたぞ…
プールの授業《じゅぎょう》は落《お》とせない!!

ピアノをひくのははじめてだ

先生《せんせい》になるのはかんたんではありません。でも、「先生《せんせい》になるんだ!」というあつい気持《きも》ちでのりこえてきたのです。

先生《せんせい》になろう！

先生《せんせい》は人《ひと》に何《なに》かを教《おし》えるのが仕事《しごと》です。そこで、みんなも授業《じゅぎょう》をして人《ひと》に何《なに》かを教《おし》えてみましょう。自分《じぶん》の得意《とくい》なことを家族《かぞく》や友《とも》だちに教《おし》えてあげられたら、みんなもりっぱな先生《せんせい》の仲間《なかま》入りです。

ようい するもの

ノート、えんぴつ、説明《せつめい》を書《か》く紙《かみ》、画用紙《がようし》、ペンなど

1 教《おし》えることをしらべる

自分《じぶん》が好《す》きなものや得意《とくい》なものなどから、何《なに》を教《おし》えるかを決《き》めます。自分《じぶん》がわかっていないことは人《ひと》には教《おし》えられないので、しっかりしらべてノートに書《か》いておきましょう。

ぼくは歌《うた》うのが好《す》きだから、音楽《おんがく》の授業《じゅぎょう》をしようかな
歌《うた》のコツ
音程《おんてい》、リズム、
声《こえ》の大《おお》きさ、呼吸《こきゅう》
片足立《かたあしだ》ちをする、
録音《ろくおん》する…
歌《うた》をうまく歌《うた》うコツ

2 授業《じゅぎょう》のじゅんびをする

どんな授業《じゅぎょう》をしたらみんなが楽《たの》しくわかるようになるか、できるようになるか、考《かんが》えましょう。何分間《なんぷんかん》の授業《じゅぎょう》にするかも決《き》めておき、必要《ひつよう》なものをじゅんびします。

授業《じゅぎょう》の計画《けいかく》を大《おお》きな紙《かみ》に書《か》いておくと、生徒《せいと》も授業《じゅぎょう》でどんなことをやるのかがわかりやすいです。授業《じゅぎょう》で話《はな》すことも紙《かみ》に書《か》いておくとわすれませんよ。

【歌《うた》がうまくなる授業《じゅぎょう》】

1 はじめのあいさつ
2 練習曲《れんしゅうきょく》を流《なが》す「空色《そらいろ》と灰《はい》」
3 歌《うた》を録音《ろくおん》してみよう
4 歌《うた》がうまいとはどういうことかの説明《せつめい》
(息《いき》のしかた、声《こえ》の大《おお》きさ、リズム)
5 おなかを使《つか》っていきを長《なが》くはく練習《れんしゅう》
6 練習曲《れんしゅうきょく》のコツの説明《せつめい》(メリハリをつけて!)
7 片足《かたあし》立《だ》ちで歌《うた》う、大《おお》きく体《からだ》を動《うご》かしてうたう練習《れんしゅう》
8 もう一度《いちど》録音《ろくおん》してみよう
9 録音《ろくおん》した曲《きょく》をききくらべよう
10 結果《けっか》をみんなで話《はな》し合《あ》おう
11 さいごのあいさつ

じゅんびしておくもの
・曲《きょく》を流《なが》す機械《きかい》、録音《ろくおん》する機械《きかい》
・曲《きょく》の歌詞《かし》を書《か》いた大《おお》きな紙《かみ》(見《み》せる用《よう》。どこでメリハリをつけるかも書《か》く)
・授業《じゅぎょう》で説明《せつめい》することを書《か》いた紙《かみ》(自分用《じぶんよう》)

3 授業《じゅぎょう》をする

みんなの前《まえ》で先生《せんせい》になって授《じゅ》業《ぎょう》をします。大《おお》きな声《こえ》でハキハキと話《はな》し、生徒《せいと》の顔《かお》をよく見《み》て、大事《だいじ》なところは大《おお》きな身《み》ぶり手《て》ぶりでしっかりつたえましょう。授業《じゅぎょう》でかかった時間《じかん》もはかっておくと、より先生《せんせい》らしくなります。

サビのこのことばは
もっと大《おお》きい声《こえ》で！

4 授業《じゅぎょう》をふりかえる

授業《じゅぎょう》がおわったら、みんながちゃんとわかったか、何《なに》かできるようになったか、かくにんしましょう。そして、どうしたら授業《じゅぎょう》がもっとよくなるか、考《かんが》えてみましょう。

この授業《じゅぎょう》の記録《きろく》をまとめたら、りっぱな自由研究《じゆうけんきゅう》になります。

結果《けっか》
お父《とう》さん 上手《じょうず》でおどろいた。
低《ひく》いパートはやさしく歌《うた》うといいらしい。
お母《かあ》さん 高《たか》いパートがむずかしそうだった。
お姉《ねえ》ちゃん はずかしそうだったけど
身《み》ぶり手《て》ぶりをしたら
楽《たの》しそうだった。

みらいのふしぎ

みらいのふしぎ

新学期《しんがっき》がちょっと不安《ふあん》なんだけど……

さあ、もうすぐ新学期《しんがっき》というとき。友《とも》だちとひさしぶりに会《あ》えるのが楽《たの》しみな人《ひと》もいると思《おも》います。ただ、長《なが》い休《やす》みが楽《たの》しすぎたり、前《まえ》の学期《がっき》でいやなことがあったりすると、「学校《がっこう》に行《い》きたくないな」と感《かん》じる人《ひと》もいるかもしれません。クラスがえがあると、仲《なか》のよい友《とも》だちとはなればなれになる不《ふ》安《あん》もありますよね。

でも新学期《しんがっき》は、新《あたら》しいことをはじめるチャンスでもあります。

いやなことや不安《ふあん》な気持《きも》ちはちょっとわきにおいておき、少《すこ》しだけ前《まえ》とはちがう自分《じぶん》になってみましょう。

わくわくした気持《きも》ちになれば、きっと不安《ふあん》もへらせます。

やってみよう

イメチェンしてみよう！

自分《じぶん》をガラッと変《か》えることを、イメージチェンジといいます。りゃくして、イメチェンです。

外見《がいけん》をイメチェン！

かみがたを思《おも》いきって変《か》えてみてもよいかも。

内面《ないめん》をイメチェン！

家庭学習《かていがくしゅう》にはげんで、知的《ちてき》キャラに変身《へんしん》!?

みらいの
ふしぎ

学年《がくねん》が上《あ》がると、何《なに》が変《か》わるの？

教室《きょうしつ》が学校《がっこう》の上《うえ》の階《かい》になる。新《あたら》しい授業《じゅぎょう》、クラブや委員《いいん》会活動《かいかつどう》がはじまる。

学年《がくねん》が上《あ》がるといろいろな変化《へんか》がありますね。

そのなかで、いちばん目立《めだ》つのは、心《こころ》と体《からだ》の変化《へんか》です。どんな変化《へんか》が起《お》こるのでしょうか。

1・2年生 平均身長 116cm～122cm

小学校《しょうがっこう》に通《かよ》いはじめたころは、不安《ふあん》なことやできないことがたくさんあります。でも、ことばをおぼえたり知《ち》しきをつけたりすることで、集団生活《しゅうだんせいかつ》にもなれて不安《ふあん》はへっていきます。

友《とも》だちと休《やす》み時間《じかん》に遊《あそ》ぶやくそくをしたよ！
21センチのくつがはけるようになったんだ

3・4年生 平均身長 128cm〜133cm

新《あたら》しい授業《じゅぎょう》もはじまり、できることがふえていきます。4年生《ねんせい》になると、クラブ活動《かつどう》もはじまって、自分《じぶん》のとくぎをふやせる時期《じき》でもあります。また、自分《じぶん》と人《ひと》のちがいを感《かん》じて、おちこんだりイライラすることもふえてきます。

このあいだ
手芸《しゅげい》クラブで
作《つく》ったリボンを
つけてみたよ

サッカーがしたいから、
サッカークラブに
入《はい》ったんだ！

5・6年生 平均身長 139cm〜145cm

委員長《いいんちょう》をやっているよ。
わたしは人《ひと》をまとめるのが
得意《とくい》みたい！

教室《きょうしつ》は
あっちだよ

さまざまな授業《じゅぎょう》やクラブ活動《かつどう》、委員会《いいんかい》を通《とお》して、「自分《じぶん》らしさ」について考《かんが》えはじめる子《こ》も出《で》てきます。人《ひと》の気持《きも》ちを考《かんが》えて行動《こうどう》できるようになり、低学《ていがく》年《ねん》のお世話《せわ》もまかせてもらえるようになります。

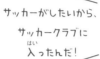

中学校《ちゅうがっこう》ってどんなところ？

今《いま》みんなは小学校《しょうがっこう》でがんばっていますが、そのあとは中学校《ちゅうがっこう》がはじまります。中学校《ちゅうがっこう》は小学校《しょうがっこう》とはぜんぜんちがうので、少《すこ》しでも先《さき》のことを知《し》っておくと、小学校《しょうがっこう》でやっておいたほうがいいことも見《み》えてきます。

中学校《ちゅうがっこう》をのぞき見《み》しちゃおう!

中学校《ちゅうがっこう》では、いろいろな小学校《しょうがっこう》から生徒《せいと》が集《あつ》まってきます。

部活動《ぶかつどう》

運動系《うんどうけい》と文化系《ぶんかけい》の部活《ぶかつ》があります。上《うえ》の学年《がくねん》は先《せん》ぱい、下《した》の学年《がくねん》は後《こう》はいとよばれ、後《こう》はいは先《せん》ぱいをうやまうなど、人間関係《にんげんかんけい》も変《か》わってきます。

生徒会《せいとかい》

学校《がっこう》をまとめるためにつくられた生徒《せいと》の会《かい》です。体育祭《たいいくさい》や文化祭《ぶんかさい》、学校集会《がっこうしゅうかい》などの行《ぎょう》事《じ》では、生徒会《せいとかい》が中心《ちゅうしん》になって活動《かつどう》します。

あれって
中学生《ちゅうがくせい》になった
わたしたち!?

じつは…

将来《しょうらい》について考《かんが》える場所《ばしょ》

中学校《ちゅうがっこう》ではいよいよ将来《しょうらい》について考《かんが》えていきます。自分《じぶん》のやりたいことや仕事《しごと》のためには、どんな勉強《べんきょう》をしてどんな学校《がっこう》へ行《い》けばいいのかを考《かんが》えます。そして、中学校《ちゅうがっこう》を卒業《そつぎょう》したあとにどうするか、決《き》めていきます。小学校《しょうがっこう》のうちから、いろいろしらべておくといいですね。

教科《きょうか》によって先生《せんせい》がかわる!

中学校《ちゅうがっこう》ではそれぞれの専門《せんもん》の先生《せんせい》がみんなのクラスにやってきて、授業《じゅぎょう》をします。

こんな勉強《べんきょう》!

国語《こくご》、数学《すうがく》、理科《りか》、社会《しゃかい》、英語《えいご》の5教《きょう》科《か》と保健体育《ほけんたいいく》、美術《びじゅつ》、音楽《おんがく》、技術《ぎじゅつ》・家庭《かてい》の4科目《かもく》があります。学期《がっき》の中間《ちゅうかん》とおわりごろにまとめてテストをし、順位《じゅんい》をつけられます。

中学校《ちゅうがっこう》の勉強《べんきょう》は小学校《しょうがっこう》で勉強《べんきょう》したことの先《さき》にあります。小学校《しょうがっこう》でゆっくりとつみ重《かさ》ねていった勉強《べんきょう》をきそとして、もっと広《ひろ》く、深《ふか》く学《まな》んでいくのです。

勉強《べんきょう》は雪《ゆき》だるまのように…

中学校《ちゅうがっこう》からの勉強《べんきょう》では「知《ち》しきを自《じ》分《ぶん》で使《つか》えるようになる」ことがもとめられます。習《なら》った知《ち》しきを生《い》かして、自《じ》分《ぶん》の考《かんが》えを文章《ぶんしょう》にしたりすることもふえていきます。だから、急《きゅう》にむずかしくなったように感《かん》じるかもしれません。でも、だいじょうぶ。小学校《しょうがっこう》で少《すこ》しずつ知《ち》しきをつけて、「おぼえる」練習《れんしゅう》をしていれば、心配《しんぱい》ありません。

小《しょう》3
自分《じぶん》の町《まち》で
つくられた
ものを知《し》る
KOBAN
スーパーマーケット
小《しょう》2
町《まち》をたんけん
する

たとえば2年生《ねんせい》の「生活《せいかつ》」の勉強《べんきょう》は、3年生《ねんせい》から「社会《しゃかい》」になり、町《まち》から県《けん》、日本《にほん》と少《すこ》しずつ学《まな》ぶはんいが広《ひろ》がって、中学校《ちゅうがっこう》の「地理《ちり》」の勉強《べんきょう》につながります。

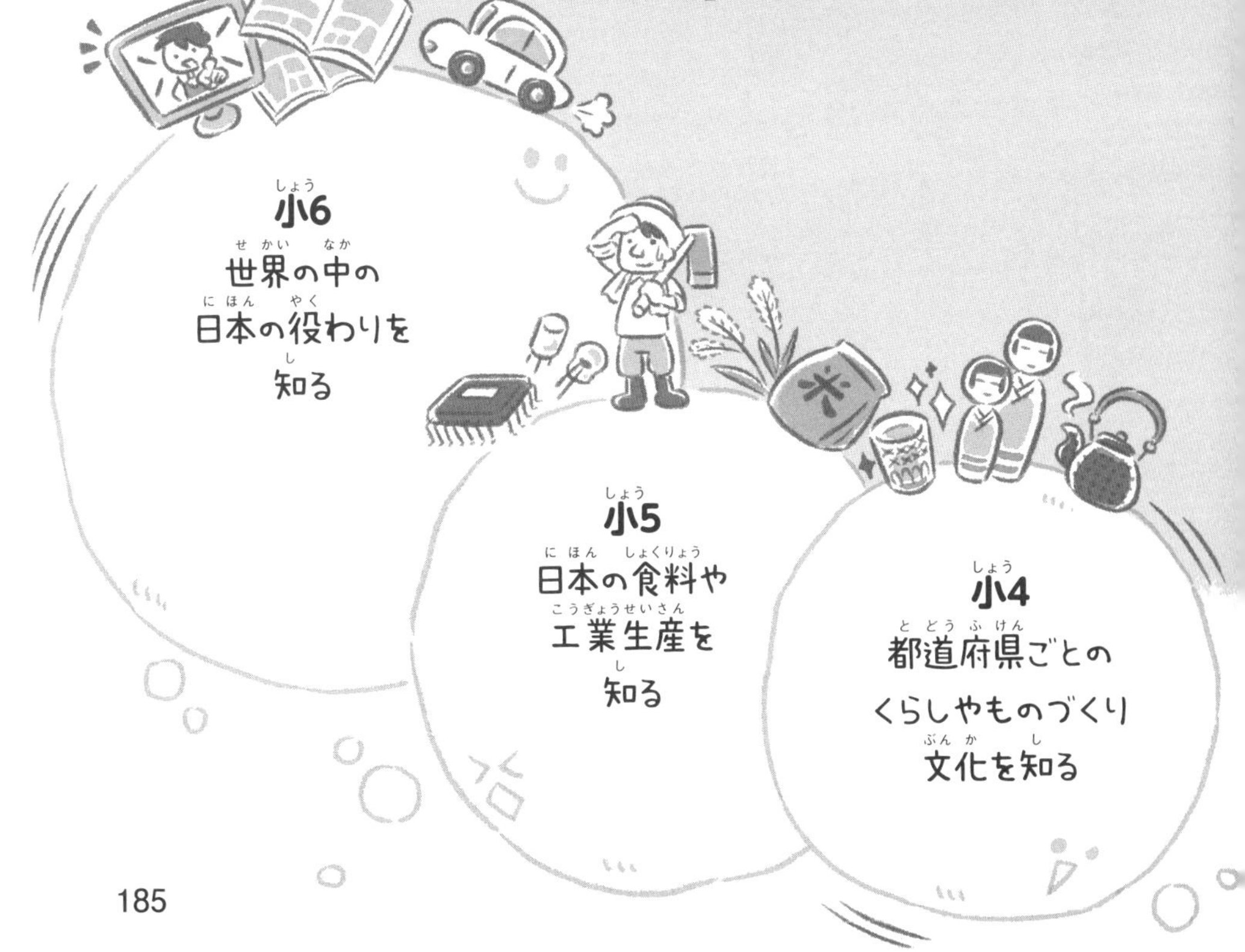

そのあとはどこへ行《い》くの？

中学校《ちゅうがっこう》のあとは、将来《しょうらい》やりたい仕事《しごと》によって、高校《こうこう》や大学《だいがく》などの行《い》き先《さき》がいくつにも分《わ》かれていきます。なれる人《ひと》の数《かず》が少《すく》ない仕事《しごと》は、より専門的《せんもんてき》な知《ち》しきやぎじゅつが必要《ひつよう》となります。このため、より多《おお》くの知《ち》しきをたくわえておくと、やりたい仕事《しごと》ができる可能性《かのうせい》は高《たか》くなります。みんなが学校《がっこう》で勉強《べんきょう》しているのは、このためです。

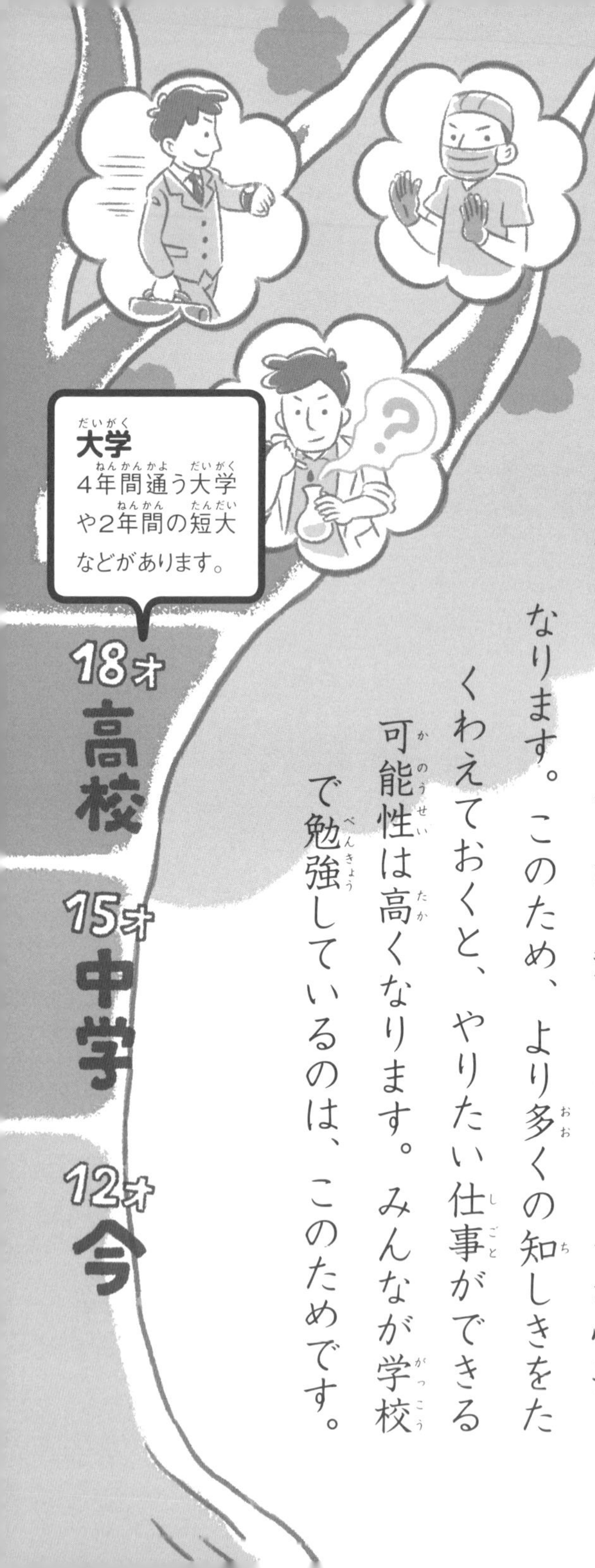
大学《だいがく》
4年間《ねんかん》通《かよ》う大学《だいがく》や2年間《ねんかん》の短大《たんだい》などがあります。
18才
高校
15才
中学
12才
今

専門学校《せんもんがっこう》

ファッションやアート、医《い》りょうなど、専門的《せんもんてき》な仕《し》事《ごと》につくための学校《がっこう》です。

こんな学校《がっこう》もあるよ!

高等専門学校《こうとうせんもんがっこう》

5年制《ねんせい》の学校《がっこう》で、機械《きかい》や建築《けんちく》などの分野《ぶんや》を学《まな》べます。ロボットの設計《せっけい》図《ず》を作《つく》る授業《じゅぎょう》もあります。

今《いま》はまだ、なりたい仕《し》事《ごと》が決《き》まっていないかもしれません。また、なりたい仕《し》事《ごと》が自分《じぶん》に合《あ》っているかどうかも、まだわからないと思《おも》います。これから時間《じかん》はたっぷりあるので、じっくりと考《かんが》えて、能力《のうりょく》を高《たか》めていきましょう。

みらいの
ふしぎ

学校《がっこう》を卒業《そつぎょう》したら、どうなるの？

多《おお》くの人《ひと》は、仕事《しごと》をはじめます。みんながみんな、学校《がっこう》の勉強《べんきょう》を生《い》かした仕事《しごと》につくわけではありませんが、学校《がっこう》にいるあいだ勉強《べんきょう》をがんばった人《ひと》は、いろいろなことをがんばれる人間《にんげん》になっています。だから仕事《しごと》だってがんばれるはずです。

月《つき》の研究者《けんきゅうしゃ》だから
毎日観察《まいにちかんさつ》しているよ

パソコンを仕事《しごと》で
うまく使《つか》えるように
勉強《べんきょう》しています

体力《たいりょく》をつけるために
きたえるわよ！

お金の本
子《こ》どものために
知《し》っておかなきゃね

学校《がっこう》を卒業《そつぎょう》しても、じつは勉強《べんきょう》はつづきます。勉強《べんきょう》ということばを使《つか》わないだけで、人生《じんせい》には学《まな》ぶべきことがたくさんあるのです。

大人《おとな》になると、ひとりでそれらを学《まな》んでいきます。

でも学校《がっこう》でちゃんと勉強《べんきょう》したみんなら、きっと楽《たの》しくがんばれると思《おも》います。

仕事《しごと》で英語《えいご》を
使《つか》わなきゃいけないの。
何《なに》かができる
ようになるって、
楽《たの》しいわ！
English

きゅうりのわぎりが
うまくなるように、
毎日練習《まいにちれんしゅう》しているよ

おうちの方へ

学校とは、子どもたちがさまざまな人と関わりながら、成長していく場所だと考えています。

学校ではさまざまなトラブルもあります。とはいえ、「子どもだからこれをやってはいけない」「子どもだからゆるされる」というものはありません。大人であっても遅刻をしてはいけないし、人を傷つけてはいけないし、決まりは守らないといけない。学校は、こうした「やるべきことはし、人としてやってはいけないことはしない」というルールを、人間の交流のなかで子どもたちに学んでもらう場所でもあります。

そこでこの本では、小学校を卒業するまでに子どもに知っておいてほしいことを様々な角度から説明しました。子どもたちが疑問に思ったり悩んだりしそうなこと、大人が質問されて答えに困る問題に対しても、できる限り具体的に答えています。

そしてもちろん、学校は勉強をするための場所です。しかし、最初から「勉強が好き！」という子はなかなかいません。このため、私たち大人はあらゆる手を使って、子どもに楽しく勉強をしてもらう必要があります。本書もその一助となるべく、「なぜ学校で勉強をしなければならないのか」という疑問に対して、多角的な答えを紹介しました。

本書を通して、子どもたちが学校に行く毎日に、よき変化があることを願っています。

国立大学法人東京学芸大学附属
世田谷小学校教諭
沼田晶弘《ぬまたあきひろ》

参考文献

『世界大百科事典』平凡社
『日本大百科全書』小学館
『国史大辞典』吉川弘文館
『日本全国給食図鑑　東日本編』『日本全国給食図鑑　西日本編』フレーベル館
『世界がわかる子ども図鑑』学研プラス
『ぼくの、わたしの、世界の学校』すずき出版
『世界を変えた数学』角川学芸出版／KADOKAWA
『授業がうまい教師のすごいコミュニケーション術』学陽書房
『エルマーのぼうけん』福音館書店
『ちいさいモモちゃん』講談社
『アカネちゃんとお客さんのパパ』講談社
『しょうがくせいのおばけずかん　かくれんぼう』講談社
『ルドルフとイッパイアッテナ』講談社
『かいけつゾロリ　きょうふの宝さがし』ポプラ社
『それいけズッコケ三人組』ポプラ社
『なんでも魔女商会　お洋服リフォーム支店』岩崎書店
『危険・有毒生物』学研教育出版
『自由研究できたえる！　ホンモノの考察力』イースト・プレス

参考サイト

文部科学省ホームページ　https://www.mext.go.jp　ほか

監修者

沼田晶弘　ぬまた あきひろ

国立大学法人東京学芸大学附属世田谷小学校教諭。1975年、東京都生まれ。東京学芸大学教育学部卒業後、アメリカ・インディアナ州立ボールステイト大学大学院で学び、インディアナ州マンシー市名誉市民賞を受賞。スポーツ経営学の修士を修了後、同大学職員などを経て、2006年から現職。児童の自主性・自立性を引き出す斬新でユニークな授業が読売新聞に取り上げられて話題になり、テレビで数多くの特集をされる。教育関係のイベント企画を実施するほか、企業向けにやる気・意欲を引き出す声かけや、リーダーシップ、コーチング、信頼関係構築などの講演も精力的に行っている。

協力
国立大学法人東京学芸大学附属世田谷小学校2019年度
５年３組「Penetrate」のみなさん

学校のふしぎ　なぜ? どうして?

監修者　沼田晶弘
発行者　高橋秀雄
編集者　外岩戸春香
発行所　**株式会社 高橋書店**
〒170-6014 東京都豊島区東池袋3-1-1 サンシャイン60 14階
電話　03-5957-7103

ISBN978-4-471-10384-2　

本書の内容についてのご質問は「書名、質問事項(ページ、内容)、お客様のご連絡先」を明記のうえ、郵送、FAX、ホームページお問い合わせフォームから小社へお送りください。

回答にはお時間をいただく場合がございます。また、電話によるお問い合わせ、本書の内容を超えたご質問にはお答えできませんので、ご了承ください。本書に関する正誤等の情報は、小社ホームページもご参照ください。

【内容についての問い合わせ先】
書　面　〒170-6014 東京都豊島区東池袋3-1-1 サンシャイン60 14階　高橋書店編集部
F A X　03-5957-7079
メール　小社ホームページお問い合わせフォームから　(https://www.takahashishoten.co.jp/)

【不良品についての問い合わせ先】

ページの順序間違い・抜けなど物理的欠陥がございましたら、電話03-5957-7076へお問い合わせください。

ただし、古書店等で購入・入手された商品の交換には一切応じられません。